SPAß SPIELE FÜR KINDER

Aktivität Spiel | Band -3 | Fraktionen und Division

ActivityCrusades

Veröffentlicht von Speedy Publishing Canada Limited

BRÜCHE

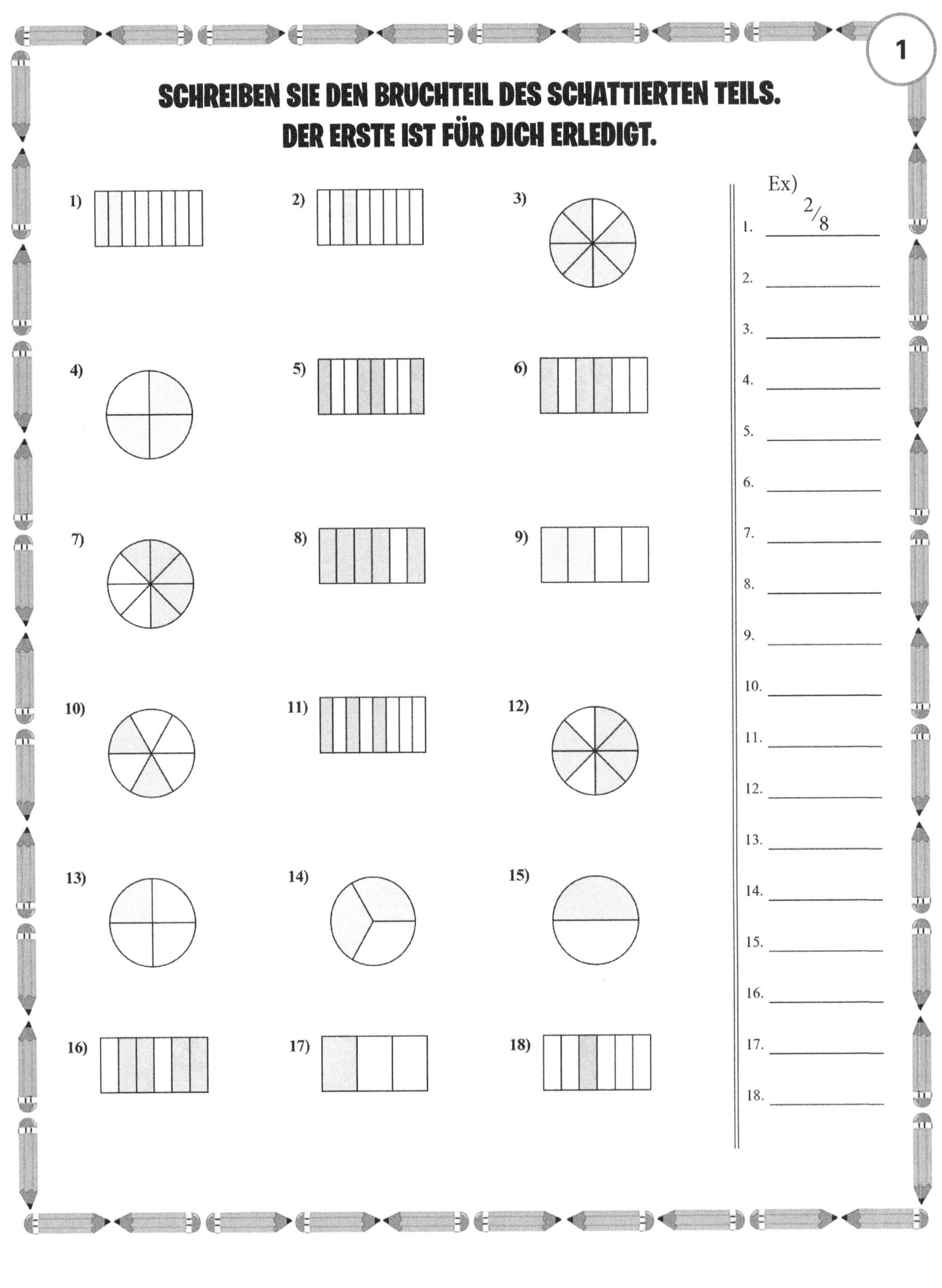

SCHREIBEN SIE DEN BRUCHTEIL DES SCHATTIERTEN TEILS.
DER ERSTE IST FÜR DICH ERLEDIGT.

1)
2)
3)
4)
5)
6)
7)
8)
9)
10)
11)
12)
13)
14)
15)
16)
17)
18)

Ex)
2/8
1.
2.
3.
4.
5.
6.
7.
8.
9.
10.
11.
12.
13.
14.
15.
16.
17.
18.

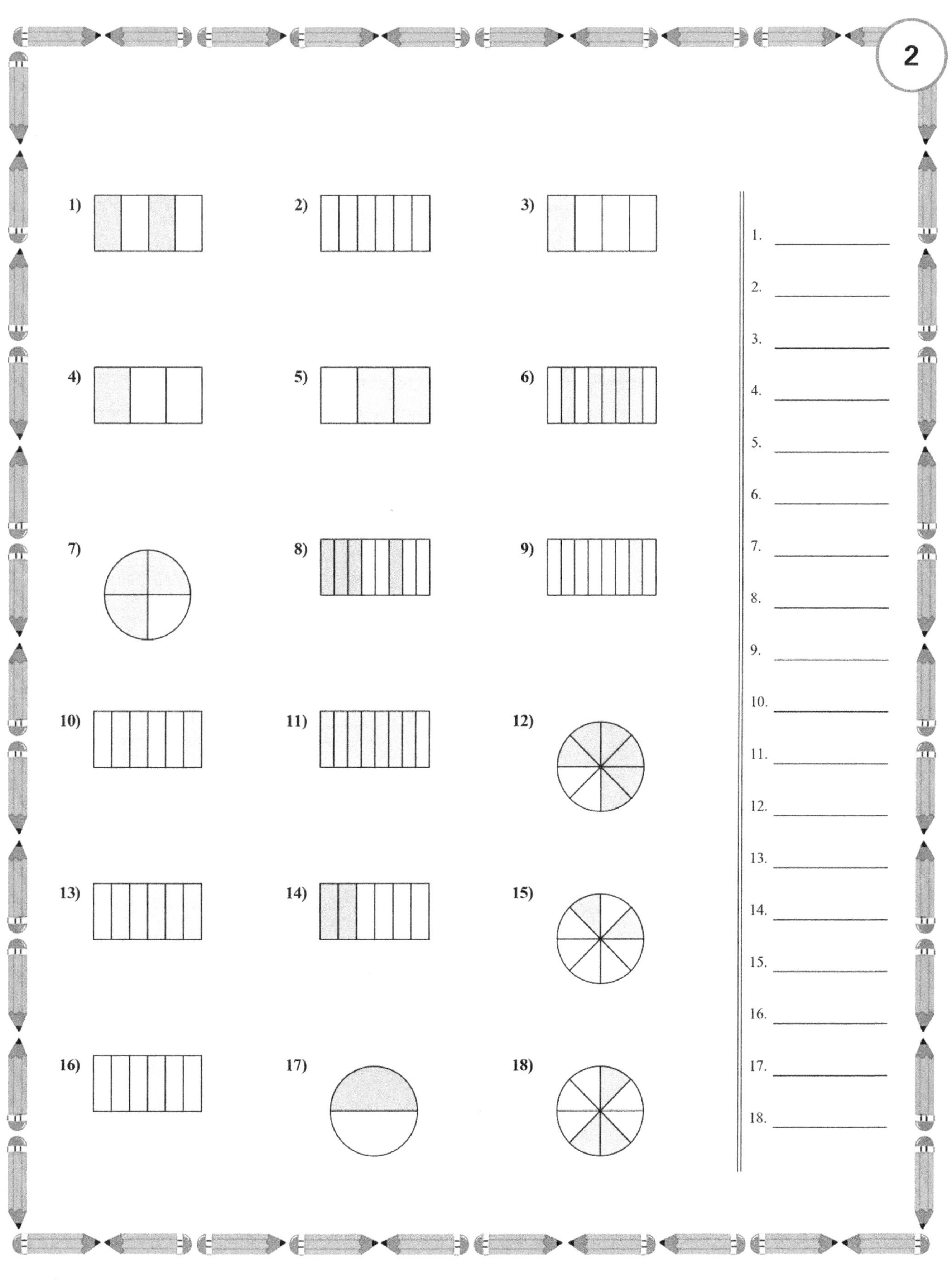

2

1)
2)
3)
4)
5)
6)
7)
8)
9)
10)
11)
12)
13)
14)
15)
16)
17)
18)

1. _______________
2. _______________
3. _______________
4. _______________
5. _______________
6. _______________
7. _______________
8. _______________
9. _______________
10. _______________
11. _______________
12. _______________
13. _______________
14. _______________
15. _______________
16. _______________
17. _______________
18. _______________

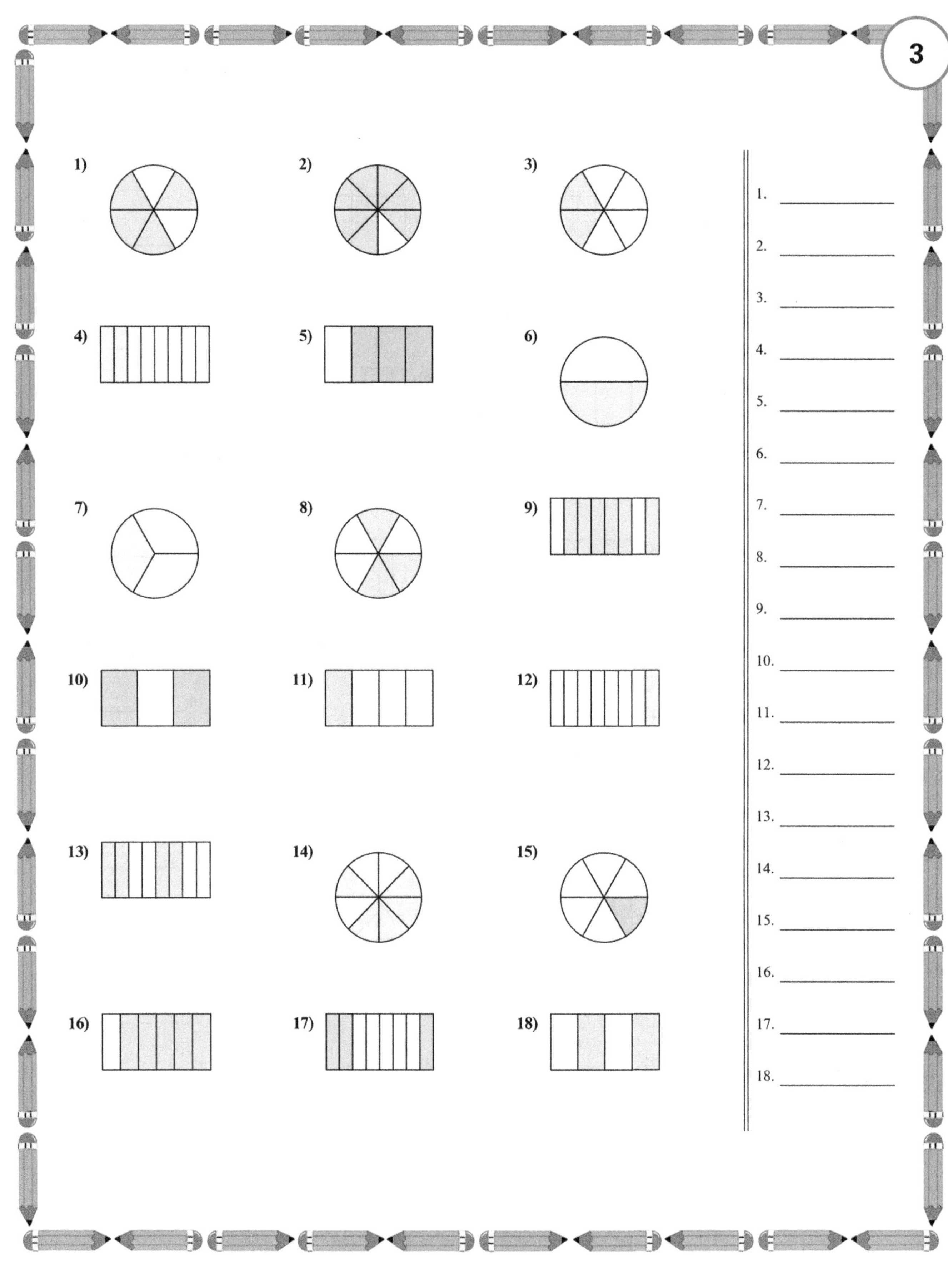

1)
2)
3)
4)
5)
6)
7)
8)
9)
10)
11)
12)
13)
14)
15)
16)
17)
18)
1. _____
2. _____
3. _____
4. _____
5. _____
6. _____
7. _____
8. _____
9. _____
10. _____
11. _____
12. _____
13. _____
14. _____
15. _____
16. _____
17. _____
18. _____

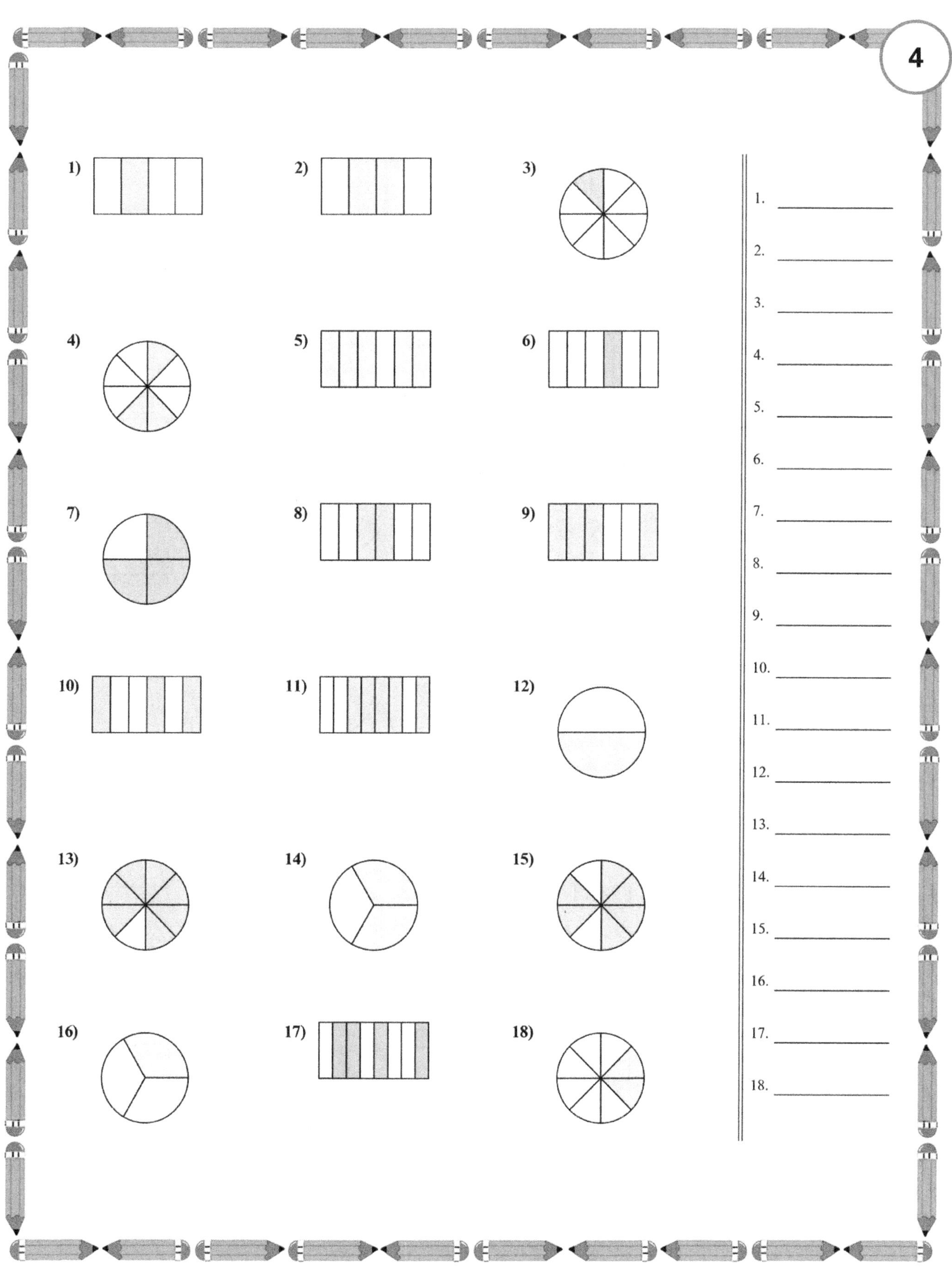

1)

2)

3)

4)

5)

6)

7)

8)

9)

10)

11)

12)

13)

14)

15)

16)

17)

18)

1. _______________
2. _______________
3. _______________
4. _______________
5. _______________
6. _______________
7. _______________
8. _______________
9. _______________
10. _______________
11. _______________
12. _______________
13. _______________
14. _______________
15. _______________
16. _______________
17. _______________
18. _______________

4

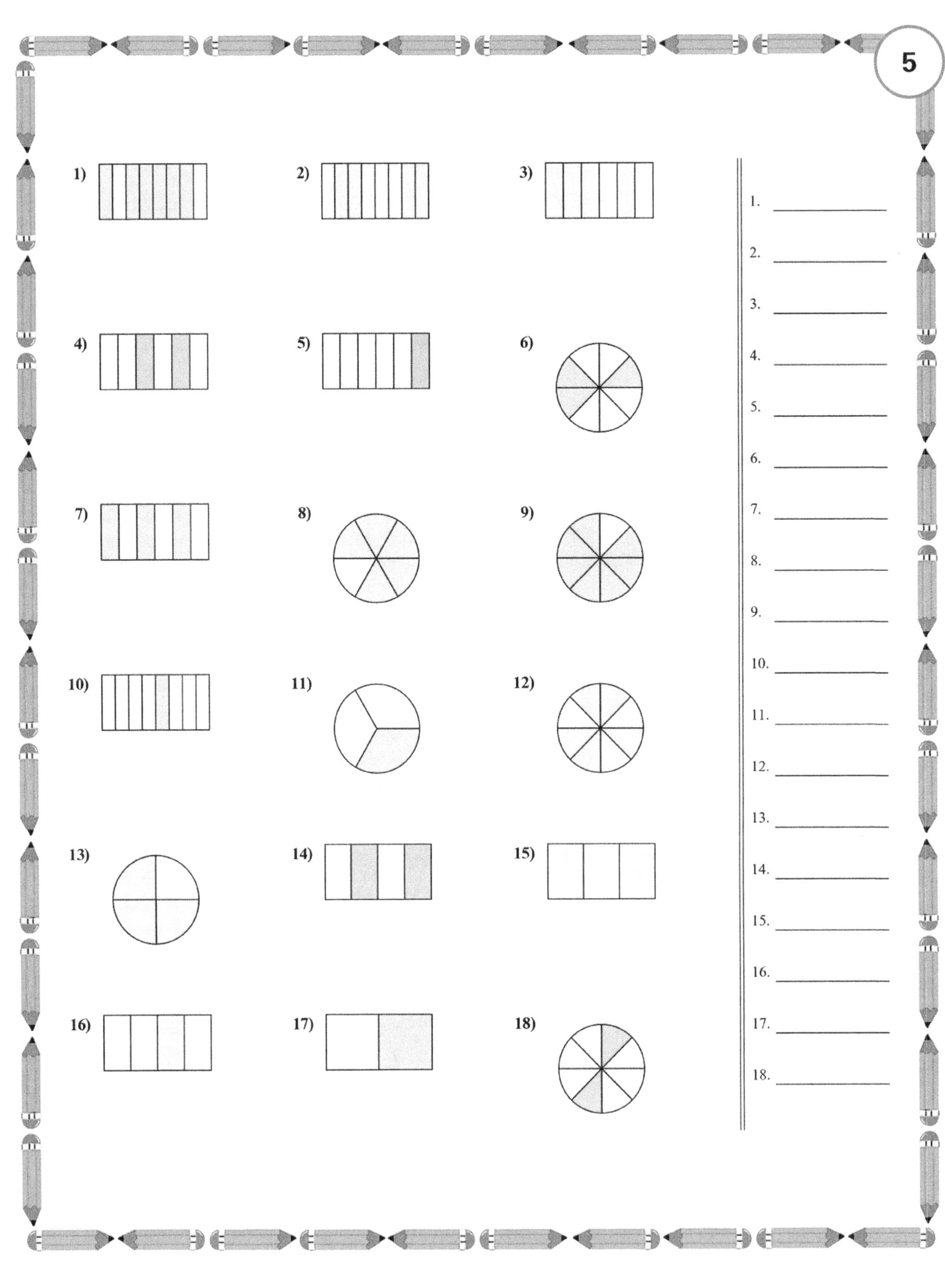

5
1)
2)
3)
4)
5)
6)
7)
8)
9)
10)
11)
12)
13)
14)
15)
16)
17)
18)
1. _______
2. _______
3. _______
4. _______
5. _______
6. _______
7. _______
8. _______
9. _______
10. _______
11. _______
12. _______
13. _______
14. _______
15. _______
16. _______
17. _______
18. _______

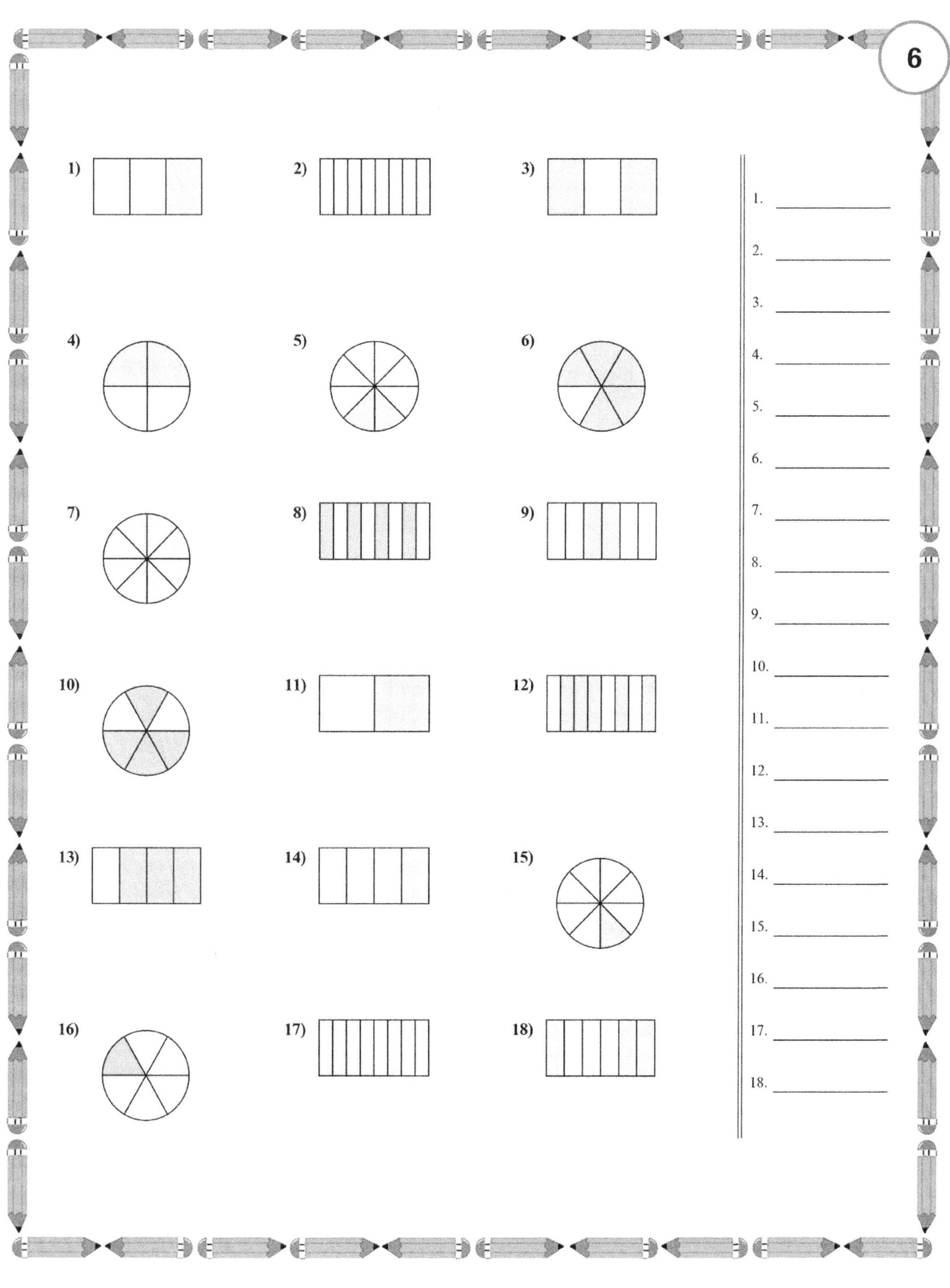

1) 2) 3)

4) 5) 6)

7) 8) 9)

10) 11) 12)

13) 14) 15)

16) 17) 18)

1. _______________

2. _______________

3. _______________

4. _______________

5. _______________

6. _______________

7. _______________

8. _______________

9. _______________

10. _______________

11. _______________

12. _______________

13. _______________

14. _______________

15. _______________

16. _______________

17. _______________

18. _______________

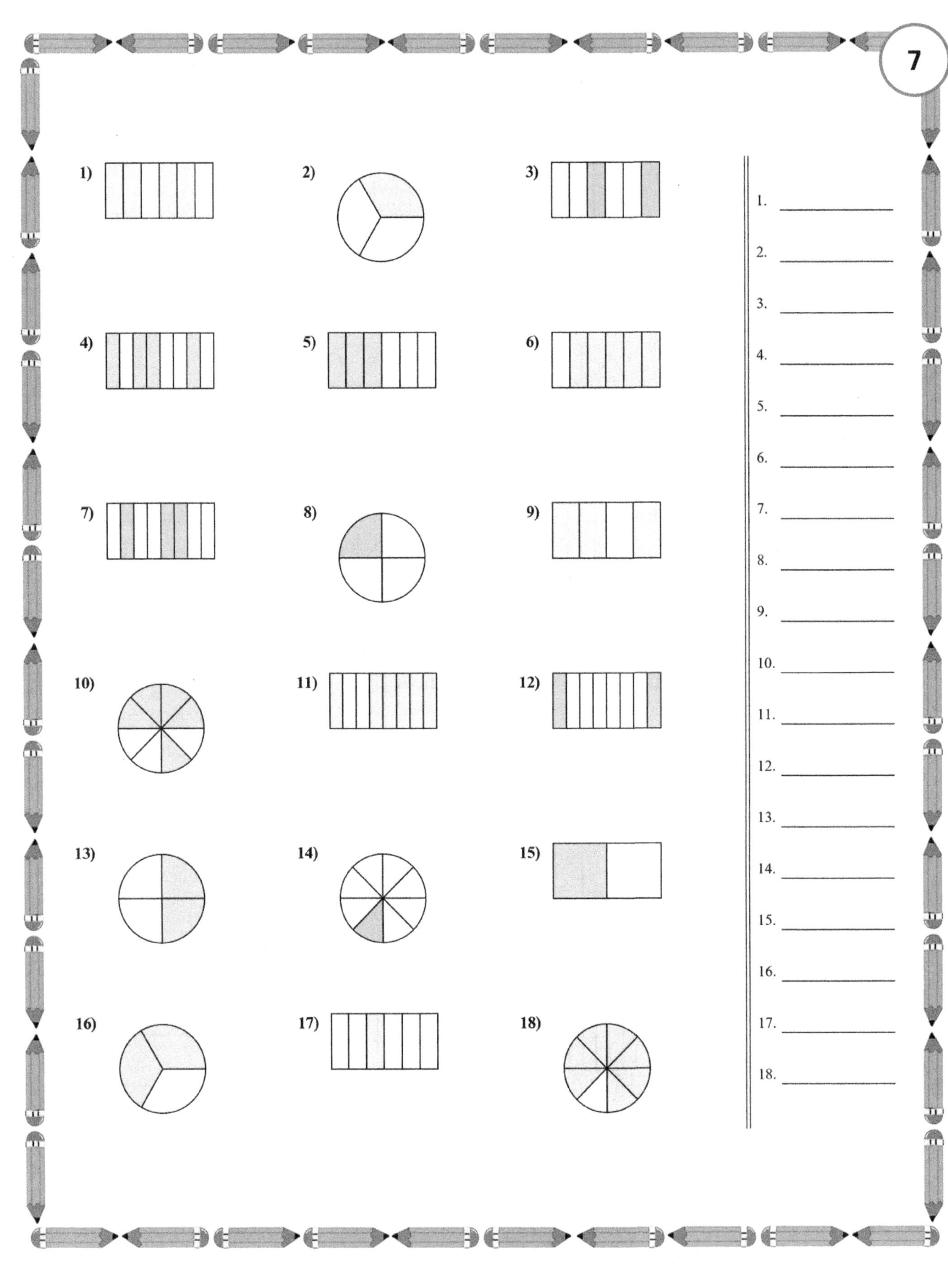

1) 2) 3)

4) 5) 6)

7) 8) 9)

10) 11) 12)

13) 14) 15)

16) 17) 18)

1. _______________
2. _______________
3. _______________
4. _______________
5. _______________
6. _______________
7. _______________
8. _______________
9. _______________
10. _______________
11. _______________
12. _______________
13. _______________
14. _______________
15. _______________
16. _______________
17. _______________
18. _______________

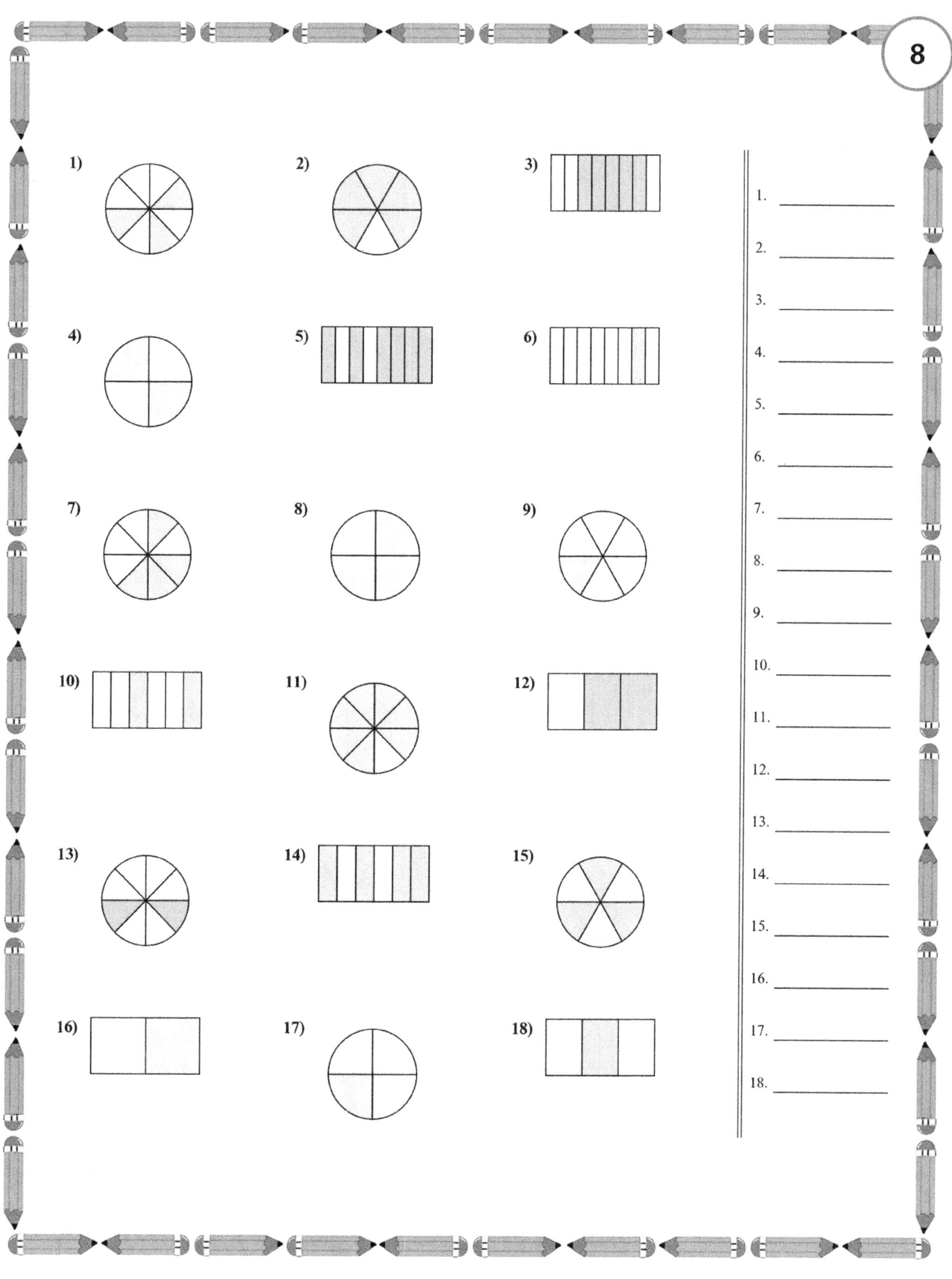

1)
2)
3)
4)
5)
6)
7)
8)
9)
10)
11)
12)
13)
14)
15)
16)
17)
18)
1. _______________
2. _______________
3. _______________
4. _______________
5. _______________
6. _______________
7. _______________
8. _______________
9. _______________
10. _______________
11. _______________
12. _______________
13. _______________
14. _______________
15. _______________
16. _______________
17. _______________
18. _______________

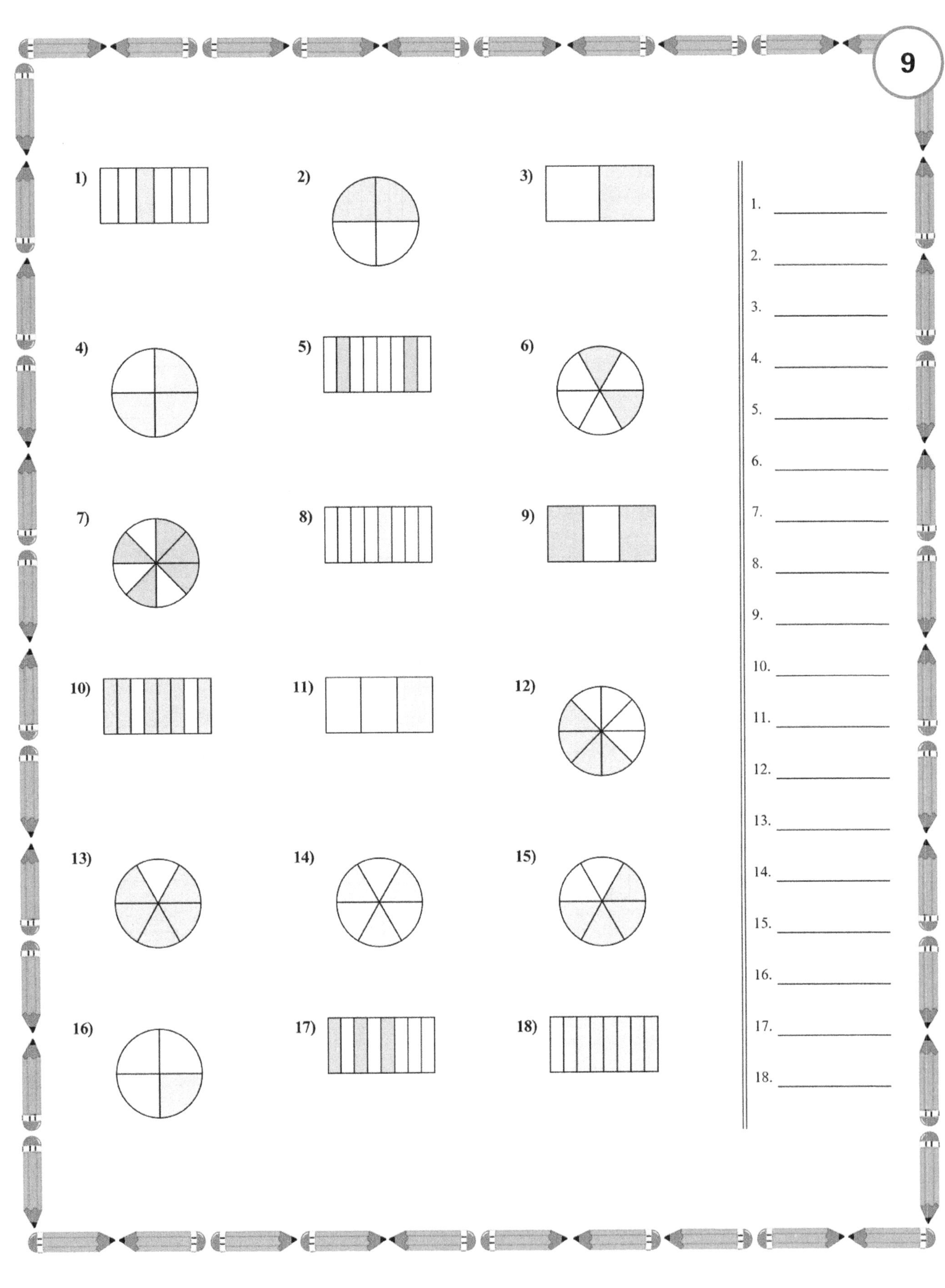

1)

2)

3)

4)

5)

6)

7)

8)

9)

10)

11)

12)

13)

14)

15)

16)

17)

18)

1. ______________

2. ______________

3. ______________

4. ______________

5. ______________

6. ______________

7. ______________

8. ______________

9. ______________

10. ______________

11. ______________

12. ______________

13. ______________

14. ______________

15. ______________

16. ______________

17. ______________

18. ______________

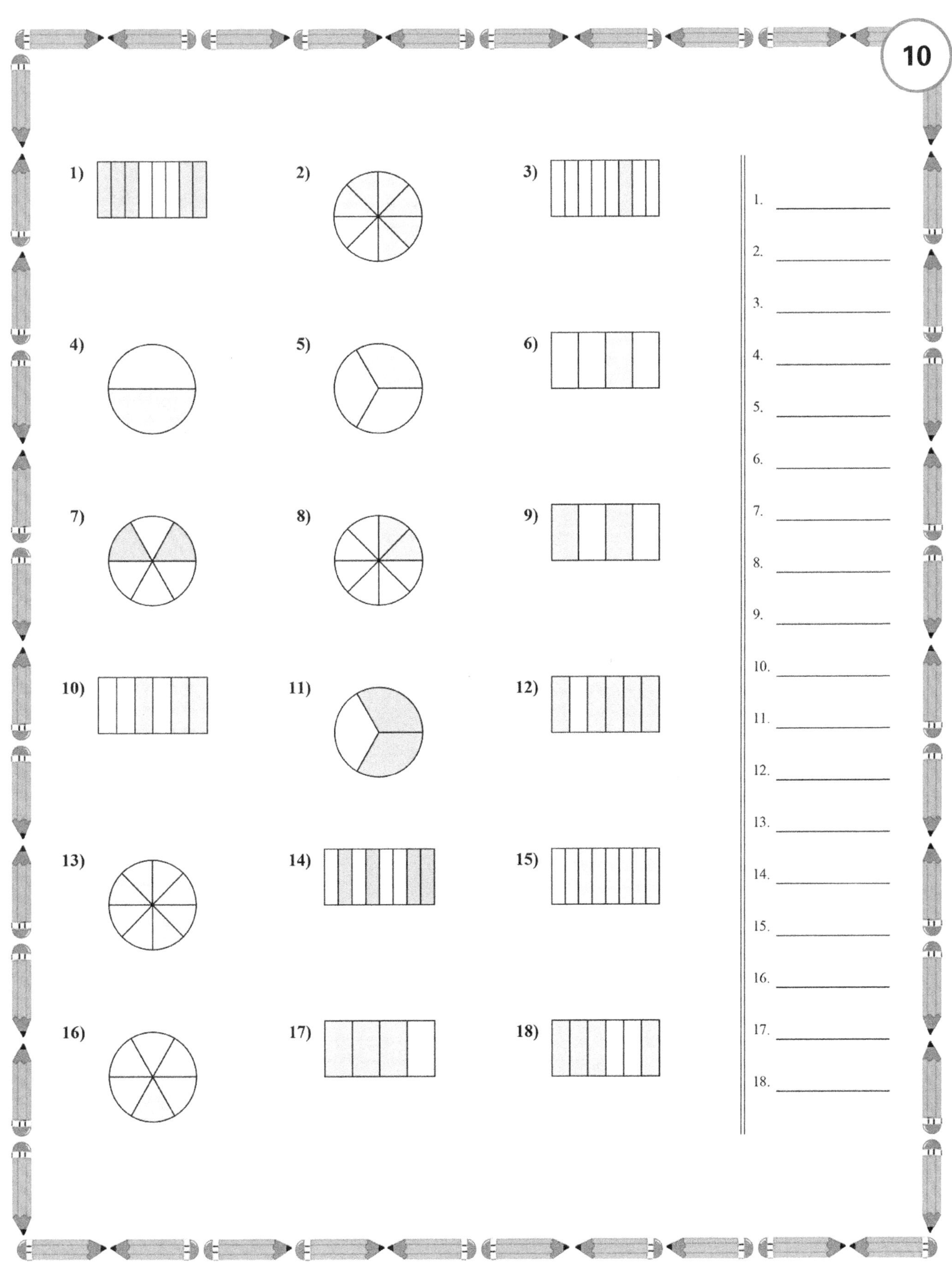

10
1)
2)
3)
4)
5)
6)
7)
8)
9)
10)
11)
12)
13)
14)
15)
16)
17)
18)
1.
2.
3.
4.
5.
6.
7.
8.
9.
10.
11.
12.
13.
14.
15.
16.
17.
18.

FRAKTIONEN HINZUFÜGEN UND ABSAUGEN.
DER ERSTE IST FÜR DICH ERLEDIGT.

1) $\dfrac{4}{5} - \dfrac{4}{5} = \dfrac{0}{5}$

2) $\dfrac{1}{3} + \dfrac{2}{3} =$

3) $\dfrac{3}{10} - \dfrac{2}{10} =$

4) $\dfrac{3}{12} + \dfrac{7}{12} =$

5) $\dfrac{6}{8} - \dfrac{3}{8} =$

6) $\dfrac{2}{6} + \dfrac{5}{6} =$

7) $\dfrac{9}{12} - \dfrac{5}{12} =$

8) $\dfrac{9}{10} + \dfrac{9}{10} =$

9) $\dfrac{3}{6} - \dfrac{1}{6} =$

10) $\dfrac{1}{2} + \dfrac{1}{2} =$

11) $\dfrac{7}{8} - \dfrac{7}{8} =$

12) $\dfrac{3}{4} + \dfrac{2}{4} =$

13) $\dfrac{9}{10} - \dfrac{7}{10} =$

14) $\dfrac{3}{10} + \dfrac{6}{10} =$

15) $\dfrac{2}{3} - \dfrac{1}{3} =$

16) $\dfrac{4}{12} + \dfrac{9}{12} =$

17) $\dfrac{5}{6} - \dfrac{1}{6} =$

18) $\dfrac{2}{6} + \dfrac{1}{6} =$

19) $\dfrac{1}{2} - \dfrac{1}{2} =$

20) $\dfrac{7}{8} + \dfrac{7}{8} =$

Ex)

1. $\dfrac{0}{5}$
2. __________
3. __________
4. __________
5. __________
6. __________
7. __________
8. __________
9. __________
10. __________
11. __________
12. __________
13. __________
14. __________
15. __________
16. __________
17. __________
18. __________
19. __________
20. __________

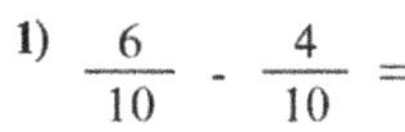

1) $\dfrac{6}{10} - \dfrac{4}{10} =$

2) $\dfrac{7}{8} + \dfrac{2}{8} =$

3) $\dfrac{2}{5} - \dfrac{1}{5} =$

4) $\dfrac{2}{5} + \dfrac{2}{5} =$

5) $\dfrac{4}{5} - \dfrac{1}{5} =$

6) $\dfrac{3}{12} + \dfrac{8}{12} =$

7) $\dfrac{5}{12} - \dfrac{3}{12} =$

8) $\dfrac{1}{5} + \dfrac{1}{5} =$

9) $\dfrac{4}{8} - \dfrac{2}{8} =$

10) $\dfrac{2}{6} + \dfrac{4}{6} =$

11) $\dfrac{5}{10} - \dfrac{1}{10} =$

12) $\dfrac{5}{10} + \dfrac{1}{10} =$

13) $\dfrac{3}{5} - \dfrac{2}{5} =$

14) $\dfrac{2}{6} + \dfrac{3}{6} =$

15) $\dfrac{8}{12} - \dfrac{6}{12} =$

16) $\dfrac{1}{3} + \dfrac{2}{3} =$

17) $\dfrac{9}{10} - \dfrac{4}{10} =$

18) $\dfrac{2}{5} + \dfrac{1}{5} =$

19) $\dfrac{3}{4} - \dfrac{1}{4} =$

20) $\dfrac{5}{12} + \dfrac{8}{12} =$

1. _______________
2. _______________
3. _______________
4. _______________
5. _______________
6. _______________
7. _______________
8. _______________
9. _______________
10. _______________
11. _______________
12. _______________
13. _______________
14. _______________
15. _______________
16. _______________
17. _______________
18. _______________
19. _______________
20. _______________

1) $\dfrac{1}{2} - \dfrac{1}{2} =$

2) $\dfrac{1}{2} + \dfrac{1}{2} =$

3) $\dfrac{7}{10} - \dfrac{2}{10} =$

4) $\dfrac{5}{12} + \dfrac{3}{12} =$

5) $\dfrac{5}{6} - \dfrac{4}{6} =$

6) $\dfrac{2}{3} + \dfrac{1}{3} =$

7) $\dfrac{2}{3} - \dfrac{1}{3} =$

8) $\dfrac{3}{4} + \dfrac{1}{4} =$

9) $\dfrac{6}{8} - \dfrac{4}{8} =$

10) $\dfrac{1}{10} + \dfrac{8}{10} =$

11) $\dfrac{5}{6} - \dfrac{1}{6} =$

12) $\dfrac{9}{12} + \dfrac{8}{12} =$

13) $\dfrac{6}{10} - \dfrac{5}{10} =$

14) $\dfrac{3}{4} + \dfrac{3}{4} =$

15) $\dfrac{4}{5} - \dfrac{3}{5} =$

16) $\dfrac{4}{12} + \dfrac{11}{12} =$

17) $\dfrac{2}{4} - \dfrac{2}{4} =$

18) $\dfrac{4}{12} + \dfrac{8}{12} =$

19) $\dfrac{5}{8} - \dfrac{2}{8} =$

20) $\dfrac{2}{5} + \dfrac{4}{5} =$

1. _________________
2. _________________
3. _________________
4. _________________
5. _________________
6. _________________
7. _________________
8. _________________
9. _________________
10. _________________
11. _________________
12. _________________
13. _________________
14. _________________
15. _________________
16. _________________
17. _________________
18. _________________
19. _________________
20. _________________

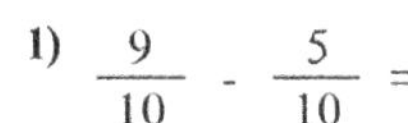

1) $\dfrac{9}{10} - \dfrac{5}{10} =$

2) $\dfrac{2}{12} + \dfrac{2}{12} =$

3) $\dfrac{5}{8} - \dfrac{5}{8} =$

4) $\dfrac{1}{5} + \dfrac{1}{5} =$

5) $\dfrac{4}{10} - \dfrac{3}{10} =$

6) $\dfrac{3}{4} + \dfrac{1}{4} =$

7) $\dfrac{4}{5} - \dfrac{1}{5} =$

8) $\dfrac{4}{6} + \dfrac{3}{6} =$

9) $\dfrac{1}{2} - \dfrac{1}{2} =$

10) $\dfrac{3}{5} + \dfrac{2}{5} =$

11) $\dfrac{5}{6} - \dfrac{1}{6} =$

12) $\dfrac{4}{5} + \dfrac{4}{5} =$

13) $\dfrac{7}{10} - \dfrac{2}{10} =$

14) $\dfrac{3}{8} + \dfrac{7}{8} =$

15) $\dfrac{10}{12} - \dfrac{4}{12} =$

16) $\dfrac{3}{6} + \dfrac{4}{6} =$

17) $\dfrac{3}{5} - \dfrac{1}{5} =$

18) $\dfrac{6}{10} + \dfrac{5}{10} =$

19) $\dfrac{11}{12} - \dfrac{2}{12} =$

20) $\dfrac{1}{4} + \dfrac{3}{4} =$

1. _______________
2. _______________
3. _______________
4. _______________
5. _______________
6. _______________
7. _______________
8. _______________
9. _______________
10. _______________
11. _______________
12. _______________
13. _______________
14. _______________
15. _______________
16. _______________
17. _______________
18. _______________
19. _______________
20. _______________

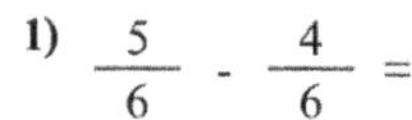

1) $\dfrac{5}{6} - \dfrac{4}{6} =$

2) $\dfrac{7}{12} + \dfrac{3}{12} =$

3) $\dfrac{4}{6} - \dfrac{2}{6} =$

4) $\dfrac{9}{10} + \dfrac{8}{10} =$

5) $\dfrac{3}{4} - \dfrac{1}{4} =$

6) $\dfrac{6}{8} + \dfrac{6}{8} =$

7) $\dfrac{3}{4} - \dfrac{2}{4} =$

8) $\dfrac{1}{6} + \dfrac{5}{6} =$

9) $\dfrac{7}{12} - \dfrac{5}{12} =$

10) $\dfrac{1}{2} + \dfrac{1}{2} =$

11) $\dfrac{4}{10} - \dfrac{1}{10} =$

12) $\dfrac{7}{10} + \dfrac{7}{10} =$

13) $\dfrac{2}{3} - \dfrac{1}{3} =$

14) $\dfrac{4}{5} + \dfrac{4}{5} =$

15) $\dfrac{11}{12} - \dfrac{9}{12} =$

16) $\dfrac{1}{8} + \dfrac{7}{8} =$

17) $\dfrac{4}{5} - \dfrac{3}{5} =$

18) $\dfrac{1}{10} + \dfrac{3}{10} =$

19) $\dfrac{6}{8} - \dfrac{4}{8} =$

20) $\dfrac{3}{4} + \dfrac{1}{4} =$

1. ______________
2. ______________
3. ______________
4. ______________
5. ______________
6. ______________
7. ______________
8. ______________
9. ______________
10. ______________
11. ______________
12. ______________
13. ______________
14. ______________
15. ______________
16. ______________
17. ______________
18. ______________
19. ______________
20. ______________

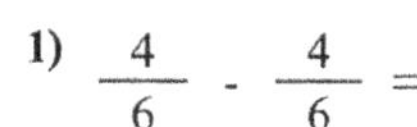

1) $\dfrac{4}{6} - \dfrac{4}{6} =$

2) $\dfrac{10}{12} + \dfrac{10}{12} =$

3) $\dfrac{2}{4} - \dfrac{1}{4} =$

4) $\dfrac{8}{12} + \dfrac{8}{12} =$

5) $\dfrac{1}{2} - \dfrac{1}{2} =$

6) $\dfrac{1}{3} + \dfrac{1}{3} =$

7) $\dfrac{4}{5} - \dfrac{3}{5} =$

8) $\dfrac{4}{5} + \dfrac{4}{5} =$

9) $\dfrac{11}{12} - \dfrac{11}{12} =$

10) $\dfrac{5}{8} + \dfrac{2}{8} =$

11) $\dfrac{3}{5} - \dfrac{1}{5} =$

12) $\dfrac{5}{10} + \dfrac{4}{10} =$

13) $\dfrac{4}{5} - \dfrac{2}{5} =$

14) $\dfrac{1}{4} + \dfrac{3}{4} =$

15) $\dfrac{5}{10} - \dfrac{1}{10} =$

16) $\dfrac{2}{5} + \dfrac{4}{5} =$

17) $\dfrac{2}{3} - \dfrac{2}{3} =$

18) $\dfrac{4}{10} + \dfrac{7}{10} =$

19) $\dfrac{5}{10} - \dfrac{3}{10} =$

20) $\dfrac{7}{10} + \dfrac{9}{10} =$

1. _______________
2. _______________
3. _______________
4. _______________
5. _______________
6. _______________
7. _______________
8. _______________
9. _______________
10. _______________
11. _______________
12. _______________
13. _______________
14. _______________
15. _______________
16. _______________
17. _______________
18. _______________
19. _______________
20. _______________

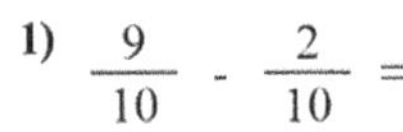

1) $\dfrac{9}{10} - \dfrac{2}{10} =$

2) $\dfrac{1}{2} + \dfrac{1}{2} =$

3) $\dfrac{1}{2} - \dfrac{1}{2} =$

4) $\dfrac{5}{6} + \dfrac{1}{6} =$

5) $\dfrac{2}{12} - \dfrac{1}{12} =$

6) $\dfrac{1}{4} + \dfrac{2}{4} =$

7) $\dfrac{8}{10} - \dfrac{1}{10} =$

8) $\dfrac{2}{4} + \dfrac{1}{4} =$

9) $\dfrac{3}{4} - \dfrac{2}{4} =$

10) $\dfrac{2}{6} + \dfrac{4}{6} =$

11) $\dfrac{5}{8} - \dfrac{4}{8} =$

12) $\dfrac{7}{12} + \dfrac{1}{12} =$

13) $\dfrac{5}{6} - \dfrac{1}{6} =$

14) $\dfrac{5}{10} + \dfrac{5}{10} =$

15) $\dfrac{6}{8} - \dfrac{3}{8} =$

16) $\dfrac{3}{5} + \dfrac{4}{5} =$

17) $\dfrac{4}{12} - \dfrac{3}{12} =$

18) $\dfrac{4}{5} + \dfrac{2}{5} =$

19) $\dfrac{2}{4} - \dfrac{2}{4} =$

20) $\dfrac{2}{8} + \dfrac{3}{8} =$

1. ______
2. ______
3. ______
4. ______
5. ______
6. ______
7. ______
8. ______
9. ______
10. ______
11. ______
12. ______
13. ______
14. ______
15. ______
16. ______
17. ______
18. ______
19. ______
20. ______

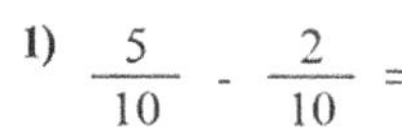

1) $\dfrac{5}{10} - \dfrac{2}{10} =$

2) $\dfrac{4}{8} + \dfrac{6}{8} =$

3) $\dfrac{1}{3} - \dfrac{1}{3} =$

4) $\dfrac{4}{8} + \dfrac{1}{8} =$

5) $\dfrac{2}{3} - \dfrac{1}{3} =$

6) $\dfrac{2}{6} + \dfrac{5}{6} =$

7) $\dfrac{11}{12} - \dfrac{1}{12} =$

8) $\dfrac{2}{3} + \dfrac{1}{3} =$

9) $\dfrac{2}{5} - \dfrac{2}{5} =$

10) $\dfrac{10}{12} + \dfrac{7}{12} =$

11) $\dfrac{7}{8} - \dfrac{4}{8} =$

12) $\dfrac{1}{2} + \dfrac{1}{2} =$

13) $\dfrac{7}{8} - \dfrac{5}{8} =$

14) $\dfrac{11}{12} + \dfrac{9}{12} =$

15) $\dfrac{9}{12} - \dfrac{2}{12} =$

16) $\dfrac{2}{6} + \dfrac{2}{6} =$

17) $\dfrac{7}{12} - \dfrac{1}{12} =$

18) $\dfrac{9}{10} + \dfrac{1}{10} =$

19) $\dfrac{4}{5} - \dfrac{2}{5} =$

20) $\dfrac{4}{8} + \dfrac{2}{8} =$

1. _______________
2. _______________
3. _______________
4. _______________
5. _______________
6. _______________
7. _______________
8. _______________
9. _______________
10. _______________
11. _______________
12. _______________
13. _______________
14. _______________
15. _______________
16. _______________
17. _______________
18. _______________
19. _______________
20. _______________

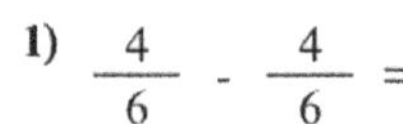

1) $\dfrac{4}{6} - \dfrac{4}{6} =$ 2) $\dfrac{5}{6} + \dfrac{5}{6} =$

3) $\dfrac{1}{2} - \dfrac{1}{2} =$ 4) $\dfrac{2}{8} + \dfrac{6}{8} =$

5) $\dfrac{8}{10} - \dfrac{6}{10} =$ 6) $\dfrac{1}{3} + \dfrac{1}{3} =$

7) $\dfrac{4}{10} - \dfrac{3}{10} =$ 8) $\dfrac{7}{12} + \dfrac{7}{12} =$

9) $\dfrac{3}{12} - \dfrac{3}{12} =$ 10) $\dfrac{3}{6} + \dfrac{3}{6} =$

11) $\dfrac{3}{5} - \dfrac{1}{5} =$ 12) $\dfrac{6}{10} + \dfrac{1}{10} =$

13) $\dfrac{3}{5} - \dfrac{2}{5} =$ 14) $\dfrac{2}{5} + \dfrac{3}{5} =$

15) $\dfrac{8}{10} - \dfrac{4}{10} =$ 16) $\dfrac{2}{4} + \dfrac{2}{4} =$

17) $\dfrac{5}{8} - \dfrac{2}{8} =$ 18) $\dfrac{4}{12} + \dfrac{10}{12} =$

19) $\dfrac{2}{6} - \dfrac{2}{6} =$ 20) $\dfrac{4}{8} + \dfrac{1}{8} =$

1. _______________
2. _______________
3. _______________
4. _______________
5. _______________
6. _______________
7. _______________
8. _______________
9. _______________
10. _______________
11. _______________
12. _______________
13. _______________
14. _______________
15. _______________
16. _______________
17. _______________
18. _______________
19. _______________
20. _______________

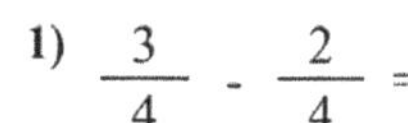

1) $\dfrac{3}{4} - \dfrac{2}{4} =$

2) $\dfrac{7}{8} + \dfrac{6}{8} =$

3) $\dfrac{4}{5} - \dfrac{3}{5} =$

4) $\dfrac{4}{5} + \dfrac{4}{5} =$

5) $\dfrac{1}{4} - \dfrac{1}{4} =$

6) $\dfrac{1}{10} + \dfrac{9}{10} =$

7) $\dfrac{3}{5} - \dfrac{1}{5} =$

8) $\dfrac{5}{6} + \dfrac{2}{6} =$

9) $\dfrac{6}{12} - \dfrac{5}{12} =$

10) $\dfrac{3}{4} + \dfrac{2}{4} =$

11) $\dfrac{10}{12} - \dfrac{6}{12} =$

12) $\dfrac{1}{3} + \dfrac{1}{3} =$

13) $\dfrac{5}{8} - \dfrac{2}{8} =$

14) $\dfrac{3}{12} + \dfrac{1}{12} =$

15) $\dfrac{4}{6} - \dfrac{1}{6} =$

16) $\dfrac{6}{10} + \dfrac{6}{10} =$

17) $\dfrac{8}{12} - \dfrac{3}{12} =$

18) $\dfrac{5}{6} + \dfrac{1}{6} =$

19) $\dfrac{2}{5} - \dfrac{2}{5} =$

20) $\dfrac{1}{3} + \dfrac{2}{3} =$

1. ______________
2. ______________
3. ______________
4. ______________
5. ______________
6. ______________
7. ______________
8. ______________
9. ______________
10. ______________
11. ______________
12. ______________
13. ______________
14. ______________
15. ______________
16. ______________
17. ______________
18. ______________
19. ______________
20. ______________

MULTIPLIEREN VON FRAKTIONEN DURCH GANZE ZAHLEN.
DER ERSTE IST FÜR DICH ERLEDIGT.

Ex) $\dfrac{2}{6} \times 2 = \dfrac{4}{6}$

1) $\dfrac{2}{8} \times 3 =$

2) $9 \times \dfrac{1}{4} =$

3) $\dfrac{4}{12} \times 7 =$

4) $\dfrac{4}{6} \times 9 =$

5) $\dfrac{4}{12} \times 10 =$

6) $5 \times \dfrac{1}{4} =$

7) $8 \times \dfrac{2}{3} =$

8) $7 \times \dfrac{9}{12} =$

9) $\dfrac{10}{12} \times 7 =$

10) $8 \times \dfrac{1}{3} =$

11) $10 \times \dfrac{1}{3} =$

12) $\dfrac{4}{12} \times 6 =$

13) $7 \times \dfrac{4}{6} =$

14) $\dfrac{2}{8} \times 4 =$

15) $\dfrac{7}{8} \times 8 =$

16) $6 \times \dfrac{3}{4} =$

17) $3 \times \dfrac{1}{8} =$

Ex. $\dfrac{4}{6}$

1. ______

2. ______

3. ______

4. ______

5. ______

6. ______

7. ______

8. ______

9. ______

10. ______

11. ______

12. ______

13. ______

14. ______

15. ______

16. ______

17. ______

Ex) $9 \times \dfrac{4}{8} =$

1) $6 \times \dfrac{8}{12} =$

2) $5 \times \dfrac{4}{8} =$

3) $8 \times \dfrac{1}{3} =$

4) $\dfrac{1}{5} \times 4 =$

5) $\dfrac{1}{3} \times 3 =$

6) $7 \times \dfrac{4}{5} =$

7) $3 \times \dfrac{2}{4} =$

8) $5 \times \dfrac{1}{10} =$

9) $\dfrac{7}{8} \times 9 =$

10) $\dfrac{1}{5} \times 9 =$

11) $4 \times \dfrac{5}{8} =$

12) $7 \times \dfrac{6}{10} =$

13) $7 \times \dfrac{1}{3} =$

14) $\dfrac{5}{6} \times 9 =$

15) $7 \times \dfrac{8}{10} =$

16) $6 \times \dfrac{3}{6} =$

17) $\dfrac{7}{12} \times 8 =$

Ex. _______________

1. _______________

2. _______________

3. _______________

4. _______________

5. _______________

6. _______________

7. _______________

8. _______________

9. _______________

10. _______________

11. _______________

12. _______________

13. _______________

14. _______________

15. _______________

16. _______________

17. _______________

Ex) $2 \times \dfrac{2}{4} =$

1) $\dfrac{1}{5} \times 9 =$

2) $7 \times \dfrac{1}{3} =$

3) $\dfrac{4}{12} \times 6 =$

4) $\dfrac{9}{10} \times 2 =$

5) $7 \times \dfrac{3}{5} =$

6) $\dfrac{5}{6} \times 9 =$

7) $\dfrac{1}{5} \times 3 =$

8) $5 \times \dfrac{2}{6} =$

9) $\dfrac{1}{4} \times 10 =$

10) $\dfrac{3}{6} \times 10 =$

11) $9 \times \dfrac{4}{10} =$

12) $2 \times \dfrac{4}{5} =$

13) $\dfrac{4}{6} \times 6 =$

14) $6 \times \dfrac{2}{5} =$

15) $4 \times \dfrac{3}{5} =$

16) $\dfrac{7}{12} \times 7 =$

17) $\dfrac{6}{10} \times 7 =$

Ex. _________

1. _________

2. _________

3. _________

4. _________

5. _________

6. _________

7. _________

8. _________

9. _________

10. _________

11. _________

12. _________

13. _________

14. _________

15. _________

16. _________

17. _________

Ex) $\dfrac{2}{3} \times 10 =$ $6\dfrac{2}{3}$

1) $\dfrac{1}{5} \times 6 =$

2) $6 \times \dfrac{1}{3} =$

3) $9 \times \dfrac{2}{3} =$

4) $\dfrac{1}{8} \times 4 =$

5) $2 \times \dfrac{2}{3} =$

6) $8 \times \dfrac{7}{10} =$

7) $\dfrac{4}{5} \times 7 =$

8) $9 \times \dfrac{3}{5} =$

9) $8 \times \dfrac{3}{8} =$

10) $6 \times \dfrac{2}{8} =$

11) $4 \times \dfrac{1}{3} =$

12) $\dfrac{3}{5} \times 8 =$

13) $\dfrac{4}{5} \times 3 =$

14) $2 \times \dfrac{7}{8} =$

15) $\dfrac{7}{10} \times 5 =$

16) $9 \times \dfrac{1}{4} =$

17) $\dfrac{4}{8} \times 6 =$

Ex. $6\dfrac{2}{3}$

1. ______

2. ______

3. ______

4. ______

5. ______

6. ______

7. ______

8. ______

9. ______

10. ______

11. ______

12. ______

13. ______

14. ______

15. ______

16. ______

17. ______

Ex) $\dfrac{3}{4} \times 3 = 2\dfrac{1}{4}$

1) $3 \times \dfrac{5}{6} =$

2) $6 \times \dfrac{3}{4} =$

3) $\dfrac{2}{3} \times 2 =$

4) $2 \times \dfrac{1}{4} =$

5) $\dfrac{4}{6} \times 4 =$

6) $4 \times \dfrac{5}{8} =$

7) $10 \times \dfrac{5}{6} =$

8) $\dfrac{2}{10} \times 2 =$

9) $\dfrac{1}{3} \times 3 =$

10) $\dfrac{2}{3} \times 10 =$

11) $3 \times \dfrac{1}{5} =$

12) $4 \times \dfrac{1}{5} =$

13) $\dfrac{7}{12} \times 10 =$

14) $5 \times \dfrac{1}{4} =$

15) $6 \times \dfrac{1}{3} =$

16) $2 \times \dfrac{3}{6} =$

17) $10 \times \dfrac{2}{8} =$

Ex. 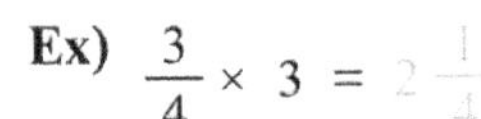 $2\dfrac{1}{4}$

1. ______________

2. ______________

3. ______________

4. ______________

5. ______________

6. ______________

7. ______________

8. ______________

9. ______________

10. ______________

11. ______________

12. ______________

13. ______________

14. ______________

15. ______________

16. ______________

17. ______________

Ex) $\dfrac{2}{3} \times 8 =$ 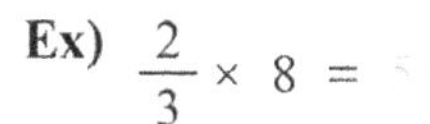

1) $8 \times \dfrac{2}{5} =$

2) $5 \times \dfrac{3}{5} =$

3) $\dfrac{1}{10} \times 10 =$

4) $9 \times \dfrac{4}{10} =$

5) $5 \times \dfrac{2}{4} =$

6) $\dfrac{1}{5} \times 4 =$

7) $\dfrac{2}{3} \times 2 =$

8) $\dfrac{2}{5} \times 10 =$

9) $10 \times \dfrac{3}{6} =$

10) $8 \times \dfrac{1}{3} =$

11) $\dfrac{3}{5} \times 10 =$

12) $\dfrac{2}{3} \times 9 =$

13) $\dfrac{1}{3} \times 10 =$

14) $\dfrac{1}{5} \times 8 =$

15) $7 \times \dfrac{2}{6} =$

16) $6 \times \dfrac{1}{12} =$

17) $5 \times \dfrac{3}{4} =$

Ex. _______
1. _______
2. _______
3. _______
4. _______
5. _______
6. _______
7. _______
8. _______
9. _______
10. _______
11. _______
12. _______
13. _______
14. _______
15. _______
16. _______
17. _______

Ex) $\dfrac{11}{12} \times 8 =$ 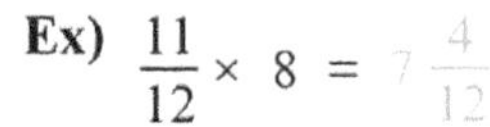

1) $\dfrac{4}{5} \times 9 =$

2) $\dfrac{3}{5} \times 9 =$

3) $4 \times \dfrac{3}{12} =$

4) $\dfrac{5}{6} \times 8 =$

5) $\dfrac{1}{8} \times 6 =$

6) $3 \times \dfrac{8}{10} =$

7) $5 \times \dfrac{1}{8} =$

8) $\dfrac{2}{12} \times 7 =$

9) $\dfrac{4}{12} \times 4 =$

10) $9 \times \dfrac{4}{10} =$

11) $\dfrac{10}{12} \times 7 =$

12) $7 \times \dfrac{4}{6} =$

13) $\dfrac{3}{6} \times 8 =$

14) $6 \times \dfrac{2}{3} =$

15) $3 \times \dfrac{5}{8} =$

16) $4 \times \dfrac{4}{8} =$

17) $\dfrac{2}{5} \times 6 =$

Ex. $7\,^4/_{12}$

1. _______

2. _______

3. _______

4. _______

5. _______

6. _______

7. _______

8. _______

9. _______

10. _______

11. _______

12. _______

13. _______

14. _______

15. _______

16. _______

17. _______

Ex) $10 \times \dfrac{4}{8} =$

1) $\dfrac{5}{10} \times 10 =$

2) $2 \times \dfrac{1}{3} =$

3) $\dfrac{9}{12} \times 6 =$

4) $\dfrac{6}{12} \times 9 =$

5) $6 \times \dfrac{2}{4} =$

6) $\dfrac{1}{4} \times 8 =$

7) $8 \times \dfrac{3}{12} =$

8) $\dfrac{5}{8} \times 5 =$

9) $\dfrac{2}{4} \times 5 =$

10) $6 \times \dfrac{2}{8} =$

11) $4 \times \dfrac{1}{6} =$

12) $4 \times \dfrac{2}{4} =$

13) $3 \times \dfrac{2}{10} =$

14) $\dfrac{8}{10} \times 4 =$

15) $\dfrac{5}{8} \times 4 =$

16) $\dfrac{7}{8} \times 4 =$

17) $3 \times \dfrac{5}{10} =$

Ex. _____ 5

1. _______
2. _______
3. _______
4. _______
5. _______
6. _______
7. _______
8. _______
9. _______
10. _______
11. _______
12. _______
13. _______
14. _______
15. _______
16. _______
17. _______

Ex) $\dfrac{4}{10} \times 7 = 2\dfrac{8}{10}$

1) $\dfrac{7}{10} \times 3 =$

2) $\dfrac{3}{6} \times 4 =$

3) $\dfrac{2}{8} \times 4 =$

4) $\dfrac{9}{10} \times 3 =$

5) $\dfrac{3}{4} \times 3 =$

6) $6 \times \dfrac{1}{3} =$

7) $6 \times \dfrac{8}{12} =$

8) $9 \times \dfrac{1}{3} =$

9) $\dfrac{9}{10} \times 4 =$

10) $7 \times \dfrac{2}{5} =$

11) $10 \times \dfrac{9}{10} =$

12) $\dfrac{3}{12} \times 9 =$

13) $6 \times \dfrac{1}{12} =$

14) $\dfrac{3}{4} \times 9 =$

15) $9 \times \dfrac{3}{8} =$

16) $\dfrac{4}{6} \times 6 =$

17) $7 \times \dfrac{4}{6} =$

Ex.	$2\,{}^{8}\!/_{10}$
1.	
2.	
3.	
4.	
5.	
6.	
7.	
8.	
9.	
10.	
11.	
12.	
13.	
14.	
15.	
16.	
17.	

Ex) $\dfrac{4}{6} \times 6 = 4$

1) $\dfrac{2}{6} \times 3 =$

2) $\dfrac{2}{4} \times 10 =$

3) $4 \times \dfrac{7}{10} =$

4) $5 \times \dfrac{5}{10} =$

5) $4 \times \dfrac{1}{4} =$

6) $\dfrac{5}{10} \times 3 =$

7) $\dfrac{1}{3} \times 3 =$

8) $6 \times \dfrac{2}{4} =$

9) $\dfrac{8}{12} \times 3 =$

10) $5 \times \dfrac{1}{3} =$

11) $9 \times \dfrac{6}{10} =$

12) $\dfrac{1}{4} \times 6 =$

13) $\dfrac{4}{6} \times 4 =$

14) $\dfrac{2}{5} \times 7 =$

15) $\dfrac{10}{12} \times 8 =$

16) $\dfrac{2}{6} \times 8 =$

17) $7 \times \dfrac{8}{10} =$

Ex. _____ 4

1. __________
2. __________
3. __________
4. __________
5. __________
6. __________
7. __________
8. __________
9. __________
10. __________
11. __________
12. __________
13. __________
14. __________
15. __________
16. __________
17. __________

AUFTEILUNG

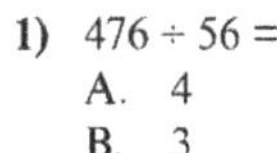

SCHÄTZE DEN QUOTIENTEN. SCHREIBEN SIE DEN BUCHSTABEN DER RICHTIGEN ANTWORT. DER ERSTE IST FÜR DICH ERLEDIGT.

1) $476 \div 56 =$
A. 4
B. 3
C. 7
D. 8

2) $142 \div 19 =$
A. 4
B. 5
C. 2
D. 7

3) $363 \div 91 =$
A. 9
B. 3
C. 8
D. 4

4) $348 \div 54 =$
A. 5
B. 7
C. 9
D. 4

5) $152 \div 53 =$
A. 3
B. 7
C. 5
D. 6

6) $149 \div 32 =$
A. 8
B. 5
C. 2
D. 4

7) $451 \div 88 =$
A. 7
B. 6
C. 5
D. 2

8) $271 \div 92 =$
A. 9
B. 4
C. 2
D. 3

9) $809 \div 94 =$
A. 7
B. 5
C. 4
D. 9

10) $319 \div 81 =$
A. 2
B. 4
C. 3
D. 8

11) $482 \div 78 =$
A. 2
B. 6
C. 7
D. 9

12) $398 \div 51 =$
A. 7
B. 4
C. 8
D. 6

13) $121 \div 62 =$
A. 2
B. 5
C. 3
D. 8

14) $418 \div 64 =$
A. 7
B. 6
C. 5
D. 4

15) $418 \div 68 =$
A. 6
B. 7
C. 9
D. 4

16) $81 \div 43 =$
A. 2
B. 6
C. 3
D. 5

17) $559 \div 69 =$
A. 9
B. 8
C. 4
D. 7

18) $282 \div 39 =$
A. 5
B. 7
C. 2
D. 9

1.   D
2. _______
3. _______
4. _______
5. _______
6. _______
7. _______
8. _______
9. _______
10. _______
11. _______
12. _______
13. _______
14. _______
15. _______
16. _______
17. _______
18. _______

1) $628 \div 69 =$
A. 9
B. 8
C. 4
D. 3

2) $274 \div 31 =$
A. 8
B. 9
C. 6
D. 7

3) $93 \div 32 =$
A. 7
B. 3
C. 4
D. 5

4) $236 \div 28 =$
A. 6
B. 8
C. 3
D. 4

5) $542 \div 87 =$
A. 9
B. 3
C. 4
D. 6

6) $482 \div 64 =$
A. 2
B. 5
C. 9
D. 8

7) $101 \div 54 =$
A. 2
B. 8
C. 6
D. 9

8) $243 \div 39 =$
A. 8
B. 6
C. 3
D. 4

9) $179 \div 91 =$
A. 8
B. 2
C. 4
D. 5

10) $402 \div 76 =$
A. 8
B. 5
C. 2
D. 6

11) $352 \div 52 =$
A. 9
B. 5
C. 6
D. 7

12) $273 \div 91 =$
A. 7
B. 5
C. 8
D. 3

13) $449 \div 48 =$
A. 4
B. 7
C. 5
D. 9

14) $162 \div 24 =$
A. 7
B. 4
C. 3
D. 8

15) $643 \div 84 =$
A. 5
B. 8
C. 6
D. 7

16) $316 \div 79 =$
A. 3
B. 6
C. 2
D. 4

17) $198 \div 48 =$
A. 7
B. 8
C. 3
D. 4

18) $253 \div 54 =$
A. 5
B. 2
C. 9
D. 4

1. _______
2. _______
3. _______
4. _______
5. _______
6. _______
7. _______
8. _______
9. _______
10. _______
11. _______
12. _______
13. _______
14. _______
15. _______
16. _______
17. _______
18. _______

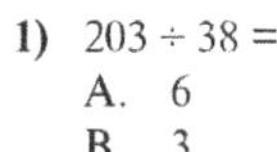

1) $203 \div 38 =$
A. 6
B. 3
C. 2
D. 5

2) $179 \div 58 =$
A. 2
B. 3
C. 4
D. 8

3) $626 \div 86 =$
A. 4
B. 2
C. 7
D. 9

4) $364 \div 59 =$
A. 3
B. 8
C. 6
D. 4

5) $449 \div 53 =$
A. 9
B. 6
C. 2
D. 8

6) $123 \div 22 =$
A. 5
B. 2
C. 8
D. 6

7) $211 \div 29 =$
A. 6
B. 5
C. 4
D. 7

8) $236 \div 39 =$
A. 5
B. 6
C. 9
D. 8

9) $631 \div 66 =$
A. 8
B. 6
C. 9
D. 2

10) $477 \div 78 =$
A. 5
B. 7
C. 6
D. 2

11) $351 \div 51 =$
A. 8
B. 5
C. 7
D. 4

12) $121 \div 59 =$
A. 3
B. 9
C. 2
D. 8

13) $123 \div 41 =$
A. 3
B. 8
C. 7
D. 5

14) $536 \div 92 =$
A. 3
B. 6
C. 5
D. 8

15) $79 \div 22 =$
A. 5
B. 4
C. 7
D. 6

16) $36 \div 22 =$
A. 4
B. 5
C. 3
D. 2

17) $58 \div 19 =$
A. 4
B. 3
C. 2
D. 7

18) $79 \div 43 =$
A. 9
B. 8
C. 3
D. 2

1. _______
2. _______
3. _______
4. _______
5. _______
6. _______
7. _______
8. _______
9. _______
10. _______
11. _______
12. _______
13. _______
14. _______
15. _______
16. _______
17. _______
18. _______

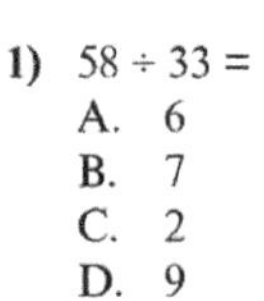

1) $58 \div 33 =$
A. 6
B. 7
C. 2
D. 9

2) $149 \div 27 =$
A. 2
B. 9
C. 8
D. 5

3) $483 \div 64 =$
A. 5
B. 3
C. 4
D. 8

4) $182 \div 18 =$
A. 3
B. 9
C. 6
D. 7

5) $488 \div 72 =$
A. 8
B. 7
C. 2
D. 5

6) $351 \div 74 =$
A. 5
B. 2
C. 8
D. 3

7) $269 \div 31 =$
A. 9
B. 2
C. 4
D. 6

8) $544 \div 94 =$
A. 6
B. 3
C. 7
D. 9

9) $352 \div 54 =$
A. 9
B. 7
C. 3
D. 8

10) $358 \div 38 =$
A. 9
B. 3
C. 8
D. 6

11) $161 \div 78 =$
A. 6
B. 2
C. 5
D. 4

12) $202 \div 51 =$
A. 4
B. 3
C. 5
D. 8

13) $361 \div 61 =$
A. 7
B. 5
C. 9
D. 6

14) $484 \div 77 =$
A. 6
B. 3
C. 2
D. 9

15) $812 \div 87 =$
A. 4
B. 6
C. 9
D. 2

16) $717 \div 83 =$
A. 7
B. 5
C. 9
D. 3

17) $81 \div 41 =$
A. 6
B. 5
C. 3
D. 2

18) $176 \div 87 =$
A. 2
B. 6
C. 5
D. 4

1. _______
2. _______
3. _______
4. _______
5. _______
6. _______
7. _______
8. _______
9. _______
10. _______
11. _______
12. _______
13. _______
14. _______
15. _______
16. _______
17. _______
18. _______

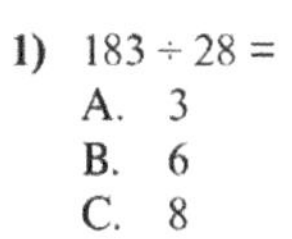

1) $183 \div 28 =$
A. 3
B. 6
C. 8
D. 5

2) $87 \div 34 =$
A. 4
B. 6
C. 2
D. 3

3) $251 \div 46 =$
A. 6
B. 5
C. 4
D. 2

4) $238 \div 84 =$
A. 9
B. 8
C. 6
D. 3

5) $638 \div 83 =$
A. 8
B. 9
C. 2
D. 3

6) $359 \div 92 =$
A. 4
B. 5
C. 9
D. 6

7) $63 \div 32 =$
A. 9
B. 2
C. 7
D. 4

8) $809 \div 86 =$
A. 9
B. 2
C. 6
D. 4

9) $538 \div 94 =$
A. 6
B. 2
C. 5
D. 7

10) $118 \div 43 =$
A. 6
B. 9
C. 3
D. 7

11) $124 \div 63 =$
A. 7
B. 2
C. 4
D. 5

12) $182 \div 19 =$
A. 8
B. 9
C. 7
D. 2

13) $299 \div 49 =$
A. 6
B. 8
C. 9
D. 5

14) $634 \div 67 =$
A. 9
B. 4
C. 6
D. 2

15) $269 \div 27 =$
A. 3
B. 4
C. 9
D. 5

16) $482 \div 58 =$
A. 2
B. 3
C. 7
D. 8

17) $199 \div 54 =$
A. 4
B. 9
C. 8
D. 3

18) $357 \div 43 =$
A. 6
B. 3
C. 8
D. 9

1. _______
2. _______
3. _______
4. _______
5. _______
6. _______
7. _______
8. _______
9. _______
10. _______
11. _______
12. _______
13. _______
14. _______
15. _______
16. _______
17. _______
18. _______

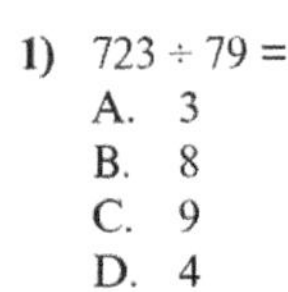

1) $723 \div 79 =$
A. 3
B. 8
C. 9
D. 4

2) $324 \div 78 =$
A. 4
B. 8
C. 2
D. 9

3) $103 \div 46 =$
A. 8
B. 7
C. 2
D. 4

4) $123 \div 16 =$
A. 8
B. 3
C. 2
D. 6

5) $57 \div 21 =$
A. 9
B. 4
C. 3
D. 2

6) $628 \div 94 =$
A. 4
B. 7
C. 6
D. 5

7) $246 \div 53 =$
A. 5
B. 7
C. 8
D. 2

8) $266 \div 87 =$
A. 7
B. 4
C. 5
D. 3

9) $318 \div 37 =$
A. 5
B. 6
C. 4
D. 8

10) $118 \div 57 =$
A. 3
B. 7
C. 6
D. 2

11) $722 \div 91 =$
A. 2
B. 8
C. 4
D. 9

12) $564 \div 74 =$
A. 2
B. 7
C. 8
D. 5

13) $86 \div 28 =$
A. 2
B. 7
C. 3
D. 5

14) $239 \div 44 =$
A. 4
B. 6
C. 7
D. 9

15) $492 \div 68 =$
A. 7
B. 6
C. 9
D. 5

16) $304 \div 59 =$
A. 4
B. 5
C. 3
D. 6

17) $39 \div 16 =$
A. 2
B. 9
C. 4
D. 6

18) $153 \div 33 =$
A. 2
B. 9
C. 4
D. 5

1. _______
2. _______
3. _______
4. _______
5. _______
6. _______
7. _______
8. _______
9. _______
10. _______
11. _______
12. _______
13. _______
14. _______
15. _______
16. _______
17. _______
18. _______

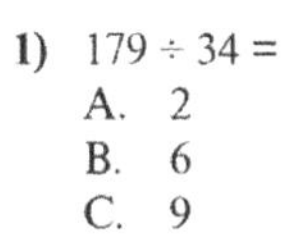

1) $179 \div 34 =$
A. 2
B. 6
C. 9
D. 7

2) $37 \div 21 =$
A. 2
B. 5
C. 8
D. 6

3) $417 \div 58 =$
A. 7
B. 2
C. 4
D. 9

4) $301 \div 59 =$
A. 5
B. 9
C. 4
D. 7

5) $104 \div 23 =$
A. 3
B. 2
C. 5
D. 7

6) $183 \div 62 =$
A. 7
B. 9
C. 3
D. 2

7) $718 \div 77 =$
A. 6
B. 9
C. 7
D. 4

8) $241 \div 28 =$
A. 5
B. 7
C. 8
D. 3

9) $161 \div 39 =$
A. 6
B. 2
C. 8
D. 4

10) $117 \div 16 =$
A. 6
B. 9
C. 5
D. 8

11) $318 \div 43 =$
A. 8
B. 7
C. 3
D. 4

12) $363 \div 89 =$
A. 8
B. 3
C. 6
D. 4

13) $347 \div 73 =$
A. 5
B. 8
C. 7
D. 3

14) $357 \div 44 =$
A. 8
B. 9
C. 5
D. 6

15) $242 \div 56 =$
A. 3
B. 2
C. 4
D. 5

16) $561 \div 82 =$
A. 9
B. 4
C. 7
D. 5

17) $239 \div 78 =$
A. 3
B. 9
C. 5
D. 7

18) $478 \div 64 =$
A. 3
B. 8
C. 7
D. 9

1. _______
2. _______
3. _______
4. _______
5. _______
6. _______
7. _______
8. _______
9. _______
10. _______
11. _______
12. _______
13. _______
14. _______
15. _______
16. _______
17. _______
18. _______

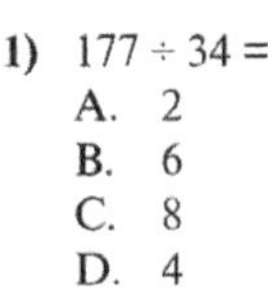

1) $177 \div 34 =$
A. 2
B. 6
C. 8
D. 4

2) $562 \div 84 =$
A. 5
B. 6
C. 7
D. 2

3) $244 \div 31 =$
A. 7
B. 8
C. 4
D. 6

4) $349 \div 46 =$
A. 3
B. 7
C. 5
D. 6

5) $204 \div 49 =$
A. 4
B. 5
C. 8
D. 7

6) $143 \div 21 =$
A. 7
B. 2
C. 9
D. 6

7) $103 \div 23 =$
A. 4
B. 2
C. 5
D. 8

8) $419 \div 62 =$
A. 7
B. 5
C. 8
D. 2

9) $557 \div 68 =$
A. 7
B. 8
C. 4
D. 5

10) $273 \div 92 =$
A. 6
B. 3
C. 2
D. 4

11) $397 \div 51 =$
A. 8
B. 2
C. 9
D. 7

12) $641 \div 77 =$
A. 3
B. 8
C. 4
D. 7

13) $298 \div 63 =$
A. 7
B. 5
C. 3
D. 2

14) $723 \div 76 =$
A. 5
B. 7
C. 8
D. 9

15) $84 \div 39 =$
A. 6
B. 5
C. 9
D. 2

16) $214 \div 71 =$
A. 2
B. 3
C. 9
D. 4

17) $317 \div 42 =$
A. 4
B. 7
C. 8
D. 9

18) $118 \div 38 =$
A. 3
B. 2
C. 4
D. 6

1. _______
2. _______
3. _______
4. _______
5. _______
6. _______
7. _______
8. _______
9. _______
10. _______
11. _______
12. _______
13. _______
14. _______
15. _______
16. _______
17. _______
18. _______

1) $267 \div 31 =$
A. 9
B. 5
C. 7
D. 4

2) $246 \div 52 =$
A. 5
B. 8
C. 9
D. 3

3) $281 \div 43 =$
A. 3
B. 7
C. 8
D. 2

4) $103 \div 48 =$
A. 6
B. 2
C. 8
D. 3

5) $162 \div 38 =$
A. 7
B. 4
C. 9
D. 6

6) $449 \div 52 =$
A. 4
B. 9
C. 8
D. 2

7) $119 \div 58 =$
A. 2
B. 6
C. 5
D. 7

8) $136 \div 67 =$
A. 5
B. 6
C. 8
D. 2

9) $147 \div 47 =$
A. 2
B. 6
C. 4
D. 3

10) $142 \div 17 =$
A. 2
B. 9
C. 6
D. 7

11) $177 \div 88 =$
A. 3
B. 4
C. 2
D. 7

12) $359 \div 94 =$
A. 4
B. 9
C. 7
D. 8

13) $87 \div 26 =$
A. 9
B. 8
C. 3
D. 5

14) $164 \div 16 =$
A. 8
B. 3
C. 6
D. 4

15) $239 \div 84 =$
A. 5
B. 3
C. 7
D. 4

16) $182 \div 31 =$
A. 4
B. 2
C. 6
D. 5

17) $177 \div 61 =$
A. 7
B. 8
C. 4
D. 3

18) $203 \div 49 =$
A. 8
B. 5
C. 9
D. 4

1. _______
2. _______
3. _______
4. _______
5. _______
6. _______
7. _______
8. _______
9. _______
10. _______
11. _______
12. _______
13. _______
14. _______
15. _______
16. _______
17. _______
18. _______

1) $201 \div 53 =$
A. 6
B. 4
C. 5
D. 2

2) $318 \div 36 =$
A. 7
B. 6
C. 8
D. 5

3) $149 \div 53 =$
A. 8
B. 7
C. 5
D. 3

4) $59 \div 32 =$
A. 4
B. 5
C. 7
D. 2

5) $317 \div 77 =$
A. 2
B. 6
C. 5
D. 4

6) $142 \div 23 =$
A. 6
B. 7
C. 9
D. 8

7) $179 \div 86 =$
A. 4
B. 9
C. 2
D. 8

8) $398 \div 79 =$
A. 7
B. 4
C. 3
D. 5

9) $239 \div 58 =$
A. 3
B. 2
C. 7
D. 4

10) $143 \div 66 =$
A. 4
B. 6
C. 2
D. 3

11) $723 \div 82 =$
A. 9
B. 3
C. 2
D. 8

12) $41 \div 18 =$
A. 7
B. 2
C. 3
D. 5

13) $118 \div 18 =$
A. 6
B. 8
C. 3
D. 2

14) $183 \div 32 =$
A. 9
B. 7
C. 6
D. 5

15) $446 \div 93 =$
A. 6
B. 5
C. 4
D. 7

16) $61 \div 18 =$
A. 6
B. 5
C. 7
D. 3

17) $476 \div 78 =$
A. 3
B. 9
C. 6
D. 4

18) $283 \div 44 =$
A. 6
B. 5
C. 8
D. 7

1. _______
2. _______
3. _______
4. _______
5. _______
6. _______
7. _______
8. _______
9. _______
10. _______
11. _______
12. _______
13. _______
14. _______
15. _______
16. _______
17. _______
18. _______

TEILUNG MIT MEHREREN ZEHN.
DER ERSTE IST FÜR DICH ERLEDIGT.

1) $400 \div 80 =$ ___5___

2) $14{,}003 \div 2{,}000 =$ _______

3) $180 \div 30 =$ _______

4) $243 \div 40 =$ _______

5) $5{,}400 \div 600 =$ _______

6) $3{,}200 \div 400 =$ _______

7) $480 \div 60 =$ _______

8) $6{,}302 \div 700 =$ _______

9) $240 \div 60 =$ _______

10) $4{,}200 \div 700 =$ _______

11) $284 \div 40 =$ _______

12) $1{,}806 \div 200 =$ _______

13) $541 \div 90 =$ _______

14) $3{,}500 \div 700 =$ _______

15) $27{,}000 \div 9{,}000 =$ _______

16) $1{,}501 \div 500 =$ _______

17) $45{,}002 \div 9{,}000 =$ _______

18) $8{,}001 \div 8{,}000 =$ _______

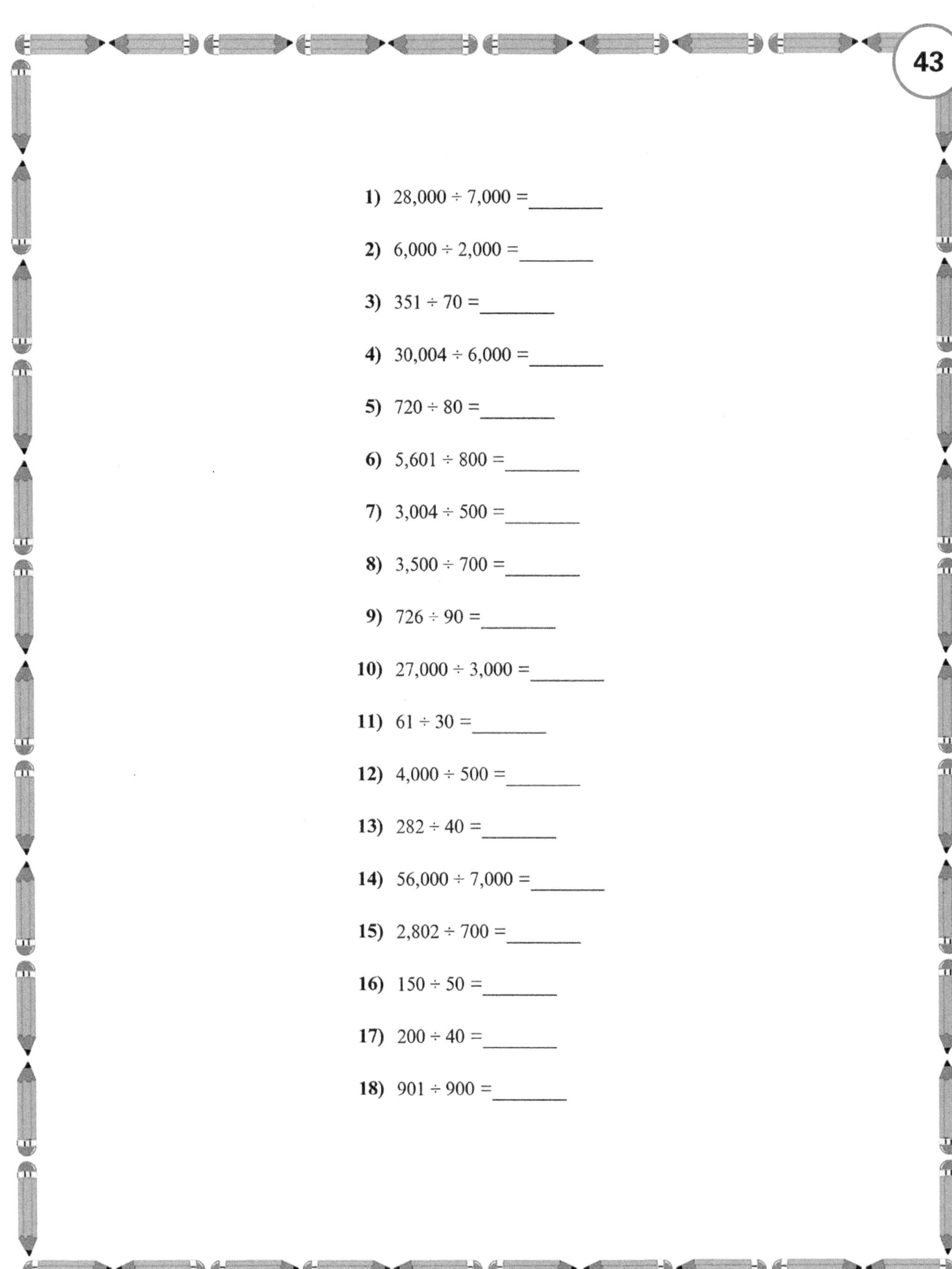

1) $28{,}000 \div 7{,}000 =$ _______

2) $6{,}000 \div 2{,}000 =$ _______

3) $351 \div 70 =$ _______

4) $30{,}004 \div 6{,}000 =$ _______

5) $720 \div 80 =$ _______

6) $5{,}601 \div 800 =$ _______

7) $3{,}004 \div 500 =$ _______

8) $3{,}500 \div 700 =$ _______

9) $726 \div 90 =$ _______

10) $27{,}000 \div 3{,}000 =$ _______

11) $61 \div 30 =$ _______

12) $4{,}000 \div 500 =$ _______

13) $282 \div 40 =$ _______

14) $56{,}000 \div 7{,}000 =$ _______

15) $2{,}802 \div 700 =$ _______

16) $150 \div 50 =$ _______

17) $200 \div 40 =$ _______

18) $901 \div 900 =$ _______

1) $121 \div 60 =$ _______

2) $40,002 \div 8,000 =$ _______

3) $270 \div 30 =$ _______

4) $500 \div 500 =$ _______

5) $45,000 \div 5,000 =$ _______

6) $35,003 \div 5,000 =$ _______

7) $101 \div 50 =$ _______

8) $3,603 \div 900 =$ _______

9) $151 \div 30 =$ _______

10) $15,000 \div 5,000 =$ _______

11) $407 \div 50 =$ _______

12) $12,001 \div 6,000 =$ _______

13) $2,104 \div 300 =$ _______

14) $3,500 \div 700 =$ _______

15) $42,000 \div 7,000 =$ _______

16) $1,404 \div 200 =$ _______

17) $160 \div 80 =$ _______

18) $50 \div 50 =$ _______

1) $360 \div 40 =$ _______

2) $630 \div 90 =$ _______

3) $725 \div 90 =$ _______

4) $14{,}002 \div 2{,}000 =$ _______

5) $7{,}000 \div 7{,}000 =$ _______

6) $212 \div 70 =$ _______

7) $48{,}003 \div 8{,}000 =$ _______

8) $3{,}602 \div 900 =$ _______

9) $3{,}201 \div 400 =$ _______

10) $1{,}800 \div 900 =$ _______

11) $10{,}000 \div 2{,}000 =$ _______

12) $72{,}000 \div 9{,}000 =$ _______

13) $4{,}806 \div 600 =$ _______

14) $3{,}000 \div 500 =$ _______

15) $212 \div 70 =$ _______

16) $36{,}001 \div 9{,}000 =$ _______

17) $14{,}001 \div 7{,}000 =$ _______

18) $1{,}400 \div 200 =$ _______

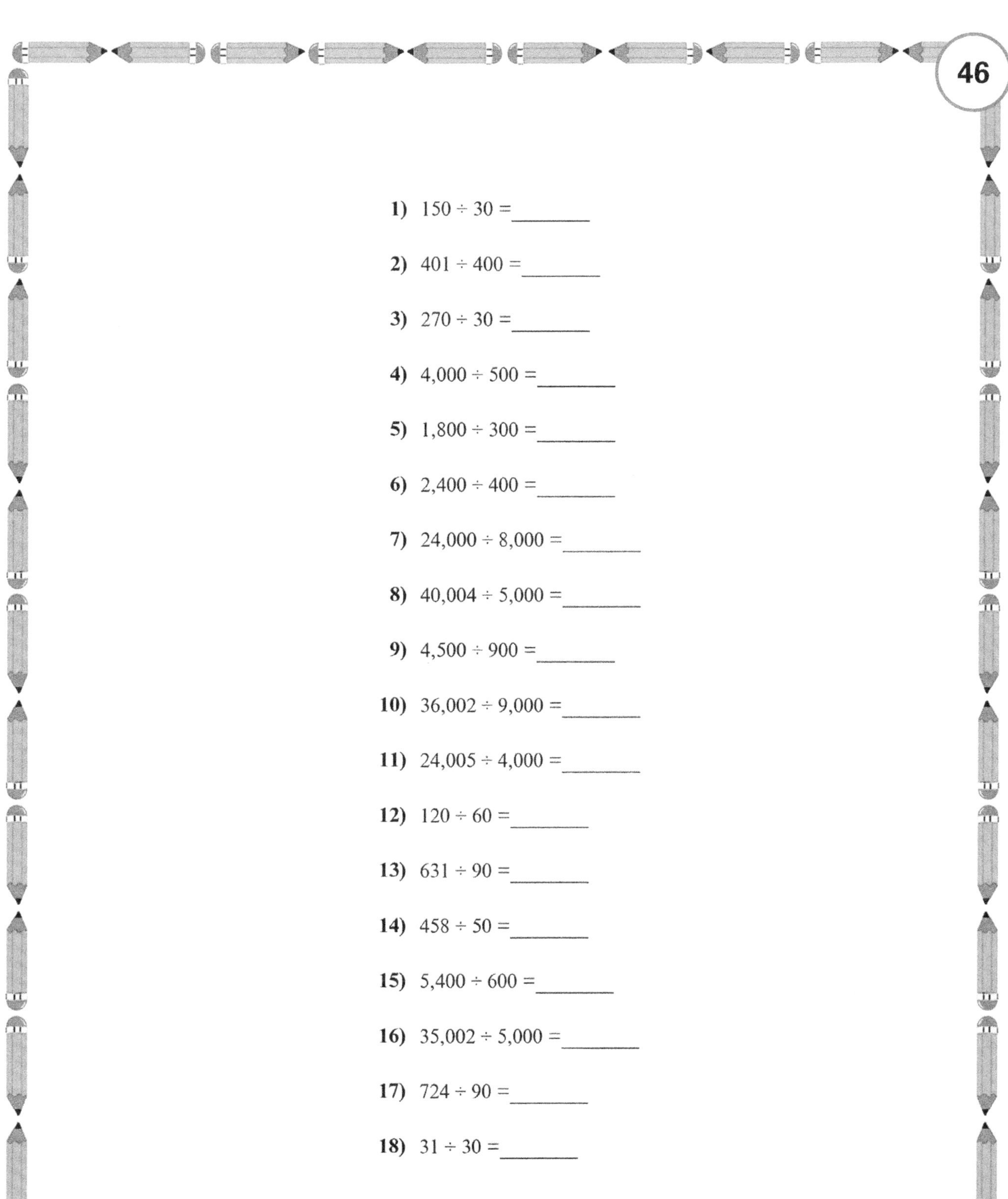

1) $150 \div 30 =$ _______

2) $401 \div 400 =$ _______

3) $270 \div 30 =$ _______

4) $4,000 \div 500 =$ _______

5) $1,800 \div 300 =$ _______

6) $2,400 \div 400 =$ _______

7) $24,000 \div 8,000 =$ _______

8) $40,004 \div 5,000 =$ _______

9) $4,500 \div 900 =$ _______

10) $36,002 \div 9,000 =$ _______

11) $24,005 \div 4,000 =$ _______

12) $120 \div 60 =$ _______

13) $631 \div 90 =$ _______

14) $458 \div 50 =$ _______

15) $5,400 \div 600 =$ _______

16) $35,002 \div 5,000 =$ _______

17) $724 \div 90 =$ _______

18) $31 \div 30 =$ _______

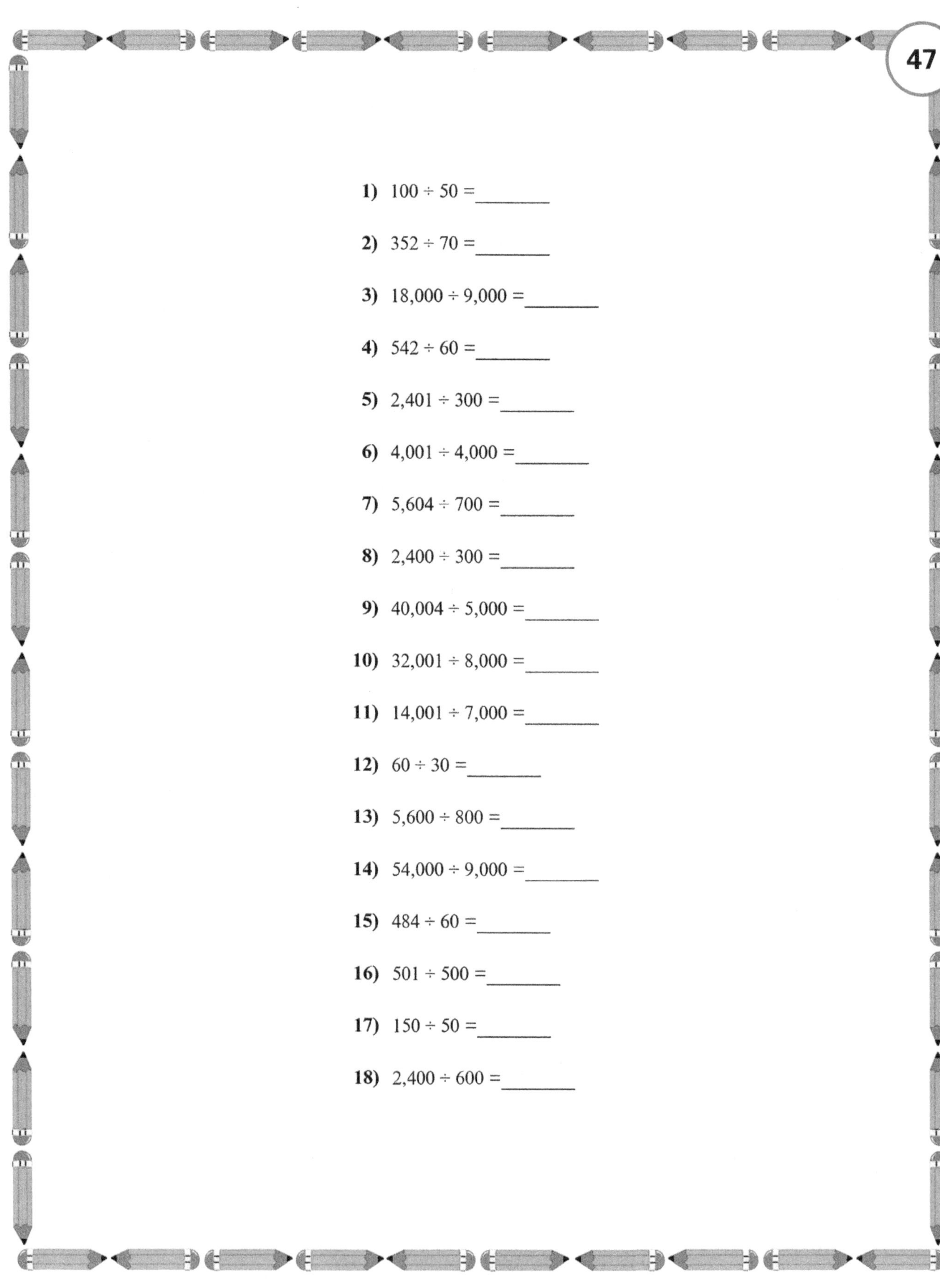

1) $100 \div 50 =$ _______

2) $352 \div 70 =$ _______

3) $18,000 \div 9,000 =$ _______

4) $542 \div 60 =$ _______

5) $2,401 \div 300 =$ _______

6) $4,001 \div 4,000 =$ _______

7) $5,604 \div 700 =$ _______

8) $2,400 \div 300 =$ _______

9) $40,004 \div 5,000 =$ _______

10) $32,001 \div 8,000 =$ _______

11) $14,001 \div 7,000 =$ _______

12) $60 \div 30 =$ _______

13) $5,600 \div 800 =$ _______

14) $54,000 \div 9,000 =$ _______

15) $484 \div 60 =$ _______

16) $501 \div 500 =$ _______

17) $150 \div 50 =$ _______

18) $2,400 \div 600 =$ _______

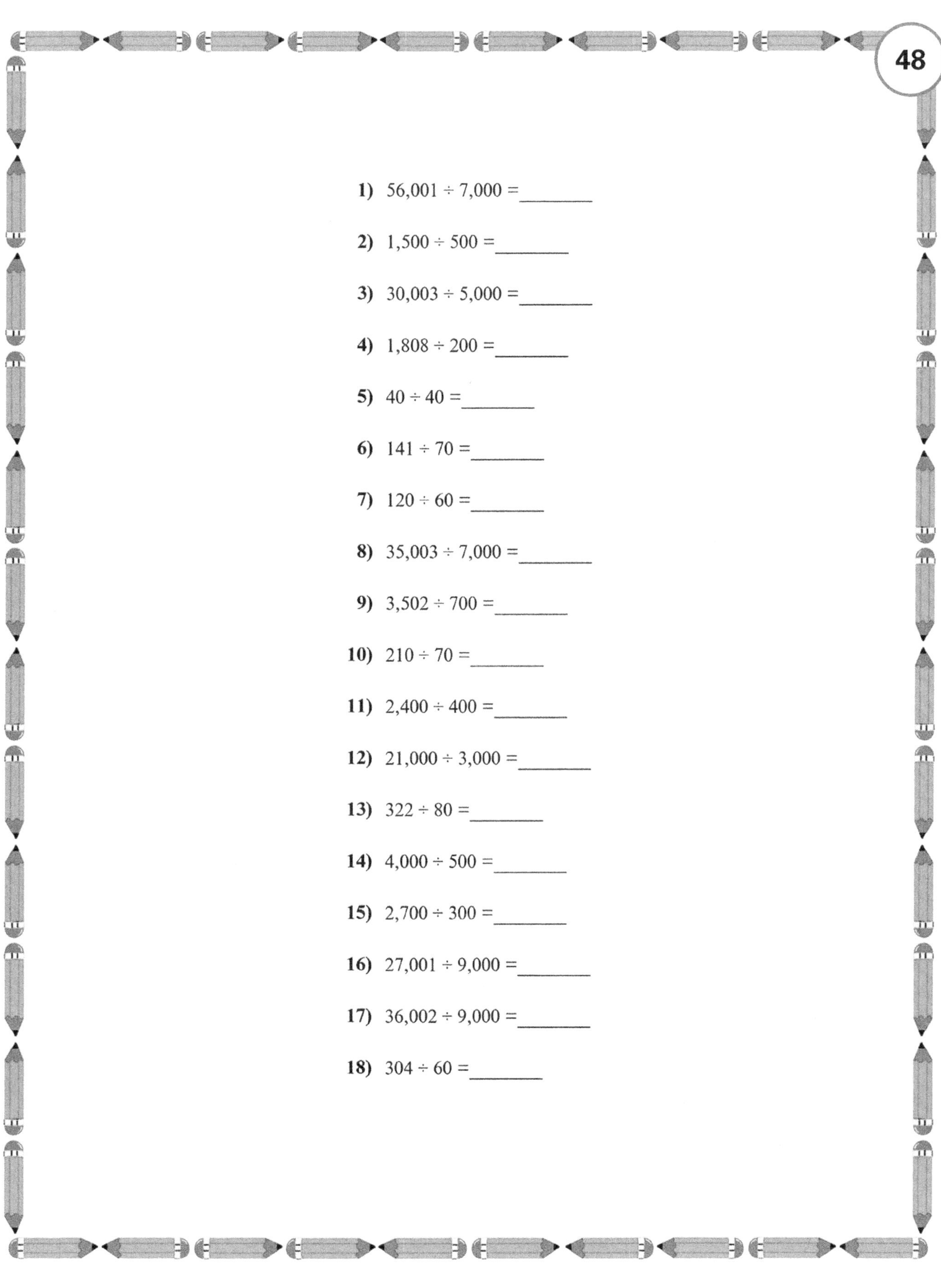

1) $56{,}001 \div 7{,}000 =$ _______

2) $1{,}500 \div 500 =$ _______

3) $30{,}003 \div 5{,}000 =$ _______

4) $1{,}808 \div 200 =$ _______

5) $40 \div 40 =$ _______

6) $141 \div 70 =$ _______

7) $120 \div 60 =$ _______

8) $35{,}003 \div 7{,}000 =$ _______

9) $3{,}502 \div 700 =$ _______

10) $210 \div 70 =$ _______

11) $2{,}400 \div 400 =$ _______

12) $21{,}000 \div 3{,}000 =$ _______

13) $322 \div 80 =$ _______

14) $4{,}000 \div 500 =$ _______

15) $2{,}700 \div 300 =$ _______

16) $27{,}001 \div 9{,}000 =$ _______

17) $36{,}002 \div 9{,}000 =$ _______

18) $304 \div 60 =$ _______

1) $180 \div 90 =$ _______

2) $16,000 \div 2,000 =$ _______

3) $3,005 \div 500 =$ _______

4) $360 \div 40 =$ _______

5) $42,005 \div 7,000 =$ _______

6) $27,000 \div 9,000 =$ _______

7) $2,800 \div 700 =$ _______

8) $71 \div 70 =$ _______

9) $601 \div 300 =$ _______

10) $562 \div 80 =$ _______

11) $1,800 \div 900 =$ _______

12) $27,006 \div 3,000 =$ _______

13) $12,000 \div 6,000 =$ _______

14) $21,001 \div 7,000 =$ _______

15) $701 \div 700 =$ _______

16) $240 \div 40 =$ _______

17) $900 \div 900 =$ _______

18) $1,001 \div 200 =$ _______

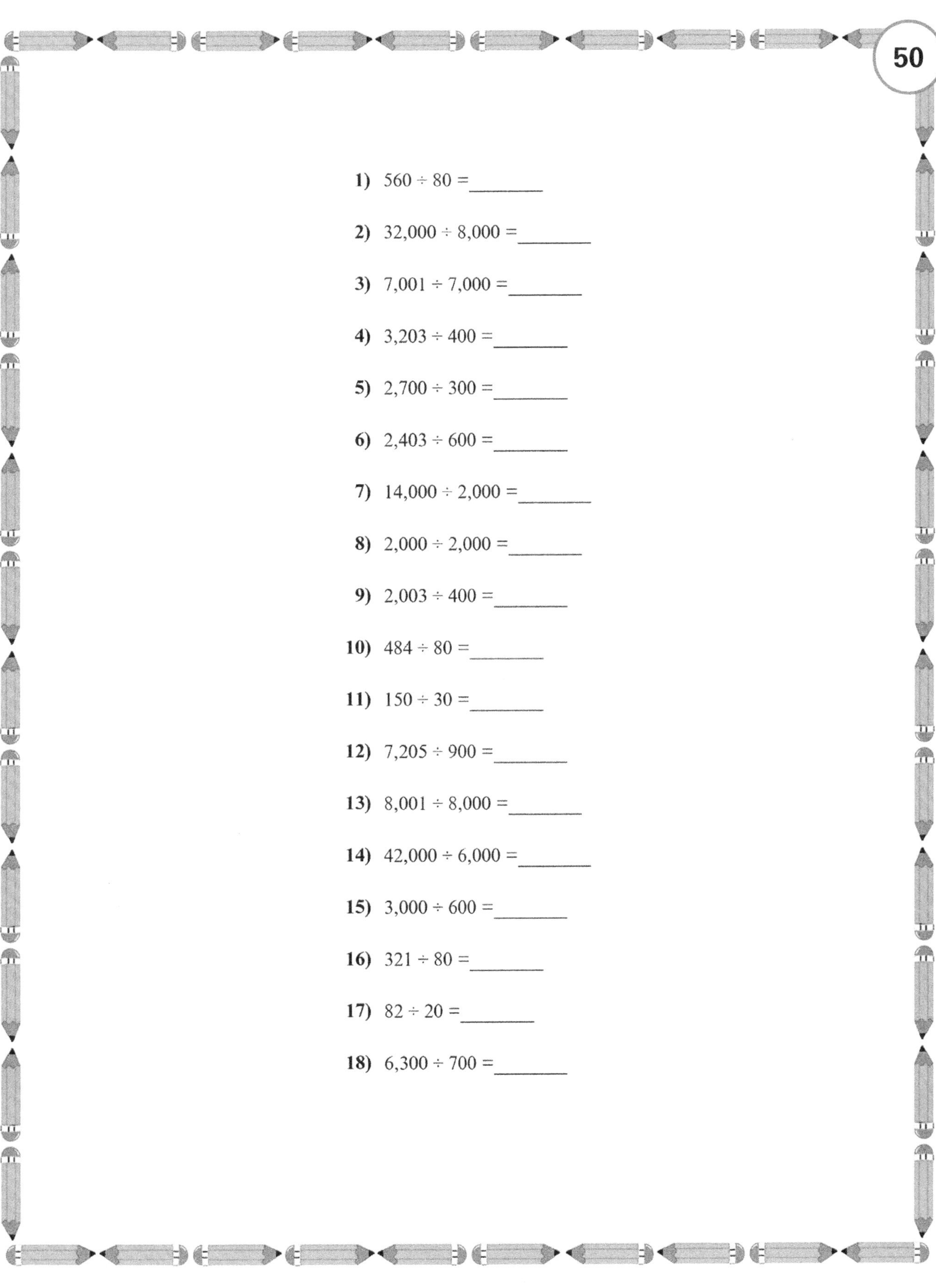

1) $560 \div 80 =$ _______

2) $32{,}000 \div 8{,}000 =$ _______

3) $7{,}001 \div 7{,}000 =$ _______

4) $3{,}203 \div 400 =$ _______

5) $2{,}700 \div 300 =$ _______

6) $2{,}403 \div 600 =$ _______

7) $14{,}000 \div 2{,}000 =$ _______

8) $2{,}000 \div 2{,}000 =$ _______

9) $2{,}003 \div 400 =$ _______

10) $484 \div 80 =$ _______

11) $150 \div 30 =$ _______

12) $7{,}205 \div 900 =$ _______

13) $8{,}001 \div 8{,}000 =$ _______

14) $42{,}000 \div 6{,}000 =$ _______

15) $3{,}000 \div 600 =$ _______

16) $321 \div 80 =$ _______

17) $82 \div 20 =$ _______

18) $6{,}300 \div 700 =$ _______

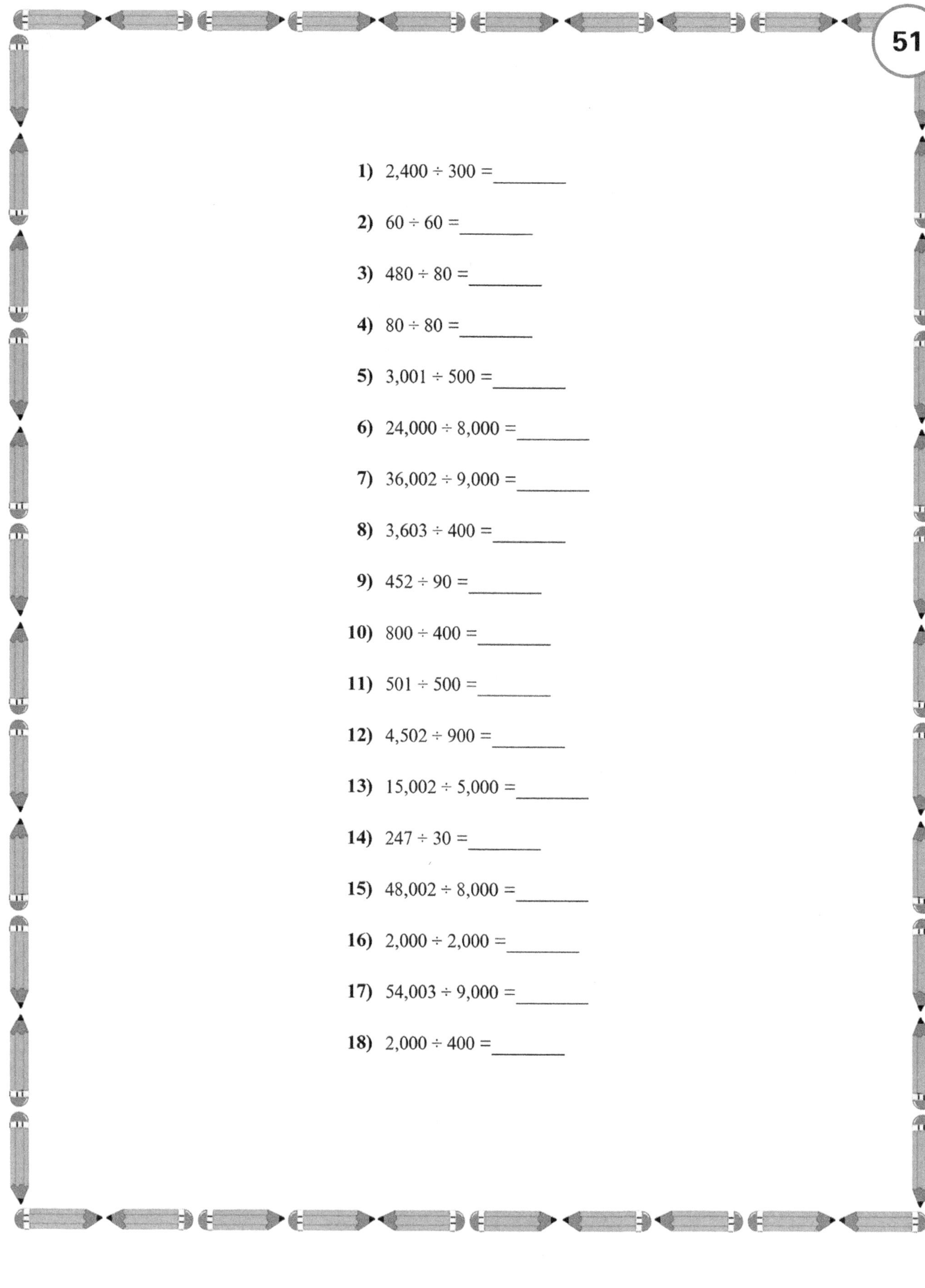

1) $2{,}400 \div 300 =$ _______

2) $60 \div 60 =$ _______

3) $480 \div 80 =$ _______

4) $80 \div 80 =$ _______

5) $3{,}001 \div 500 =$ _______

6) $24{,}000 \div 8{,}000 =$ _______

7) $36{,}002 \div 9{,}000 =$ _______

8) $3{,}603 \div 400 =$ _______

9) $452 \div 90 =$ _______

10) $800 \div 400 =$ _______

11) $501 \div 500 =$ _______

12) $4{,}502 \div 900 =$ _______

13) $15{,}002 \div 5{,}000 =$ _______

14) $247 \div 30 =$ _______

15) $48{,}002 \div 8{,}000 =$ _______

16) $2{,}000 \div 2{,}000 =$ _______

17) $54{,}003 \div 9{,}000 =$ _______

18) $2{,}000 \div 400 =$ _______

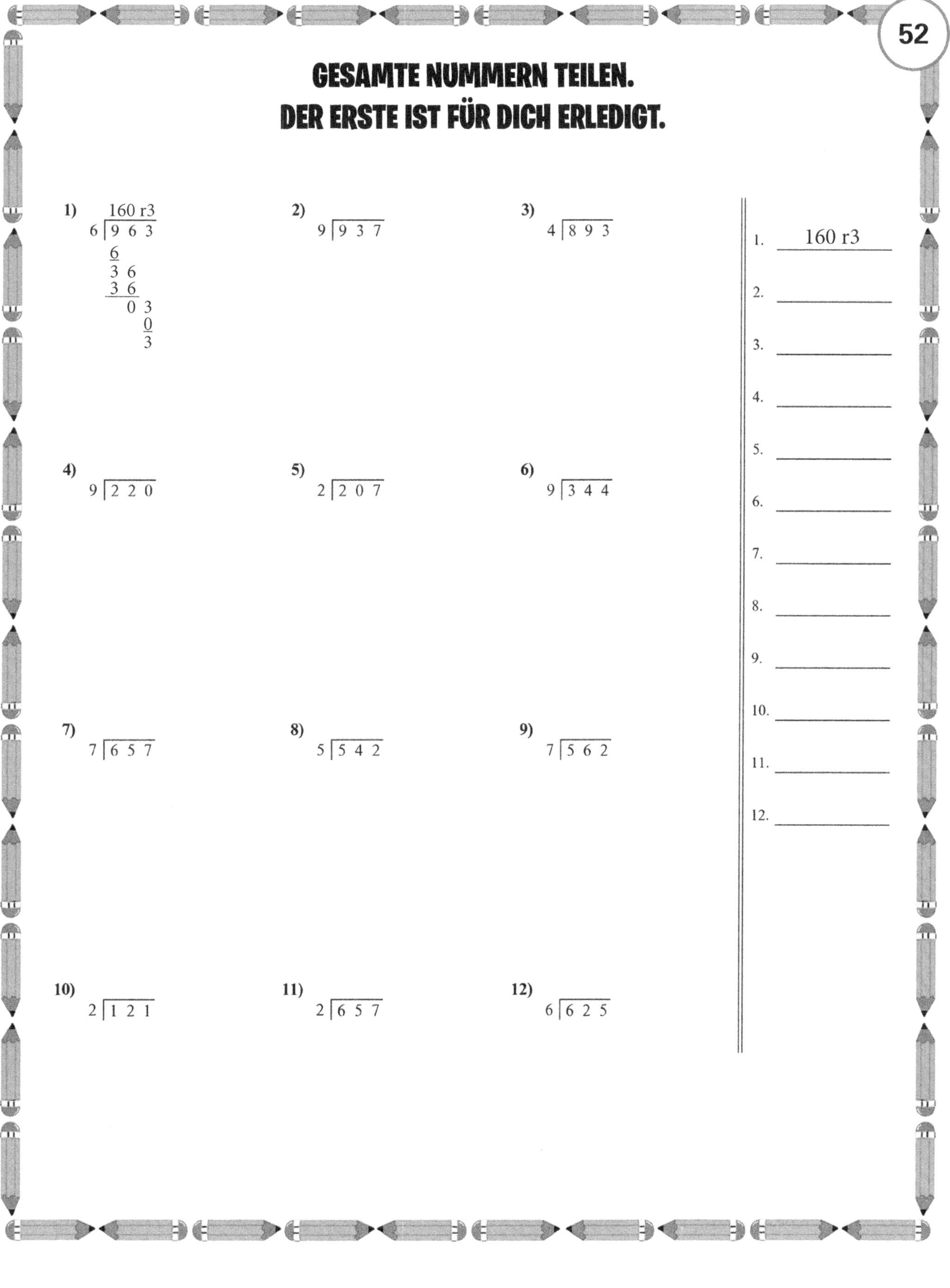

GESAMTE NUMMERN TEILEN.
DER ERSTE IST FÜR DICH ERLEDIGT.

1)

$$\begin{array}{r} 160\ r3 \\ 6\overline{)9\ 6\ 3} \\ \underline{6} \\ 3\ 6 \\ \underline{3\ 6} \\ 0\ 3 \\ \underline{0} \\ 3 \end{array}$$

2) $\quad 9\overline{)9\ 3\ 7}$

3) $\quad 4\overline{)8\ 9\ 3}$

4) $\quad 9\overline{)2\ 2\ 0}$

5) $\quad 2\overline{)2\ 0\ 7}$

6) $\quad 9\overline{)3\ 4\ 4}$

7) $\quad 7\overline{)6\ 5\ 7}$

8) $\quad 5\overline{)5\ 4\ 2}$

9) $\quad 7\overline{)5\ 6\ 2}$

10) $\quad 2\overline{)1\ 2\ 1}$

11) $\quad 2\overline{)6\ 5\ 7}$

12) $\quad 6\overline{)6\ 2\ 5}$

1.   160 r3
2. _______
3. _______
4. _______
5. _______
6. _______
7. _______
8. _______
9. _______
10. _______
11. _______
12. _______

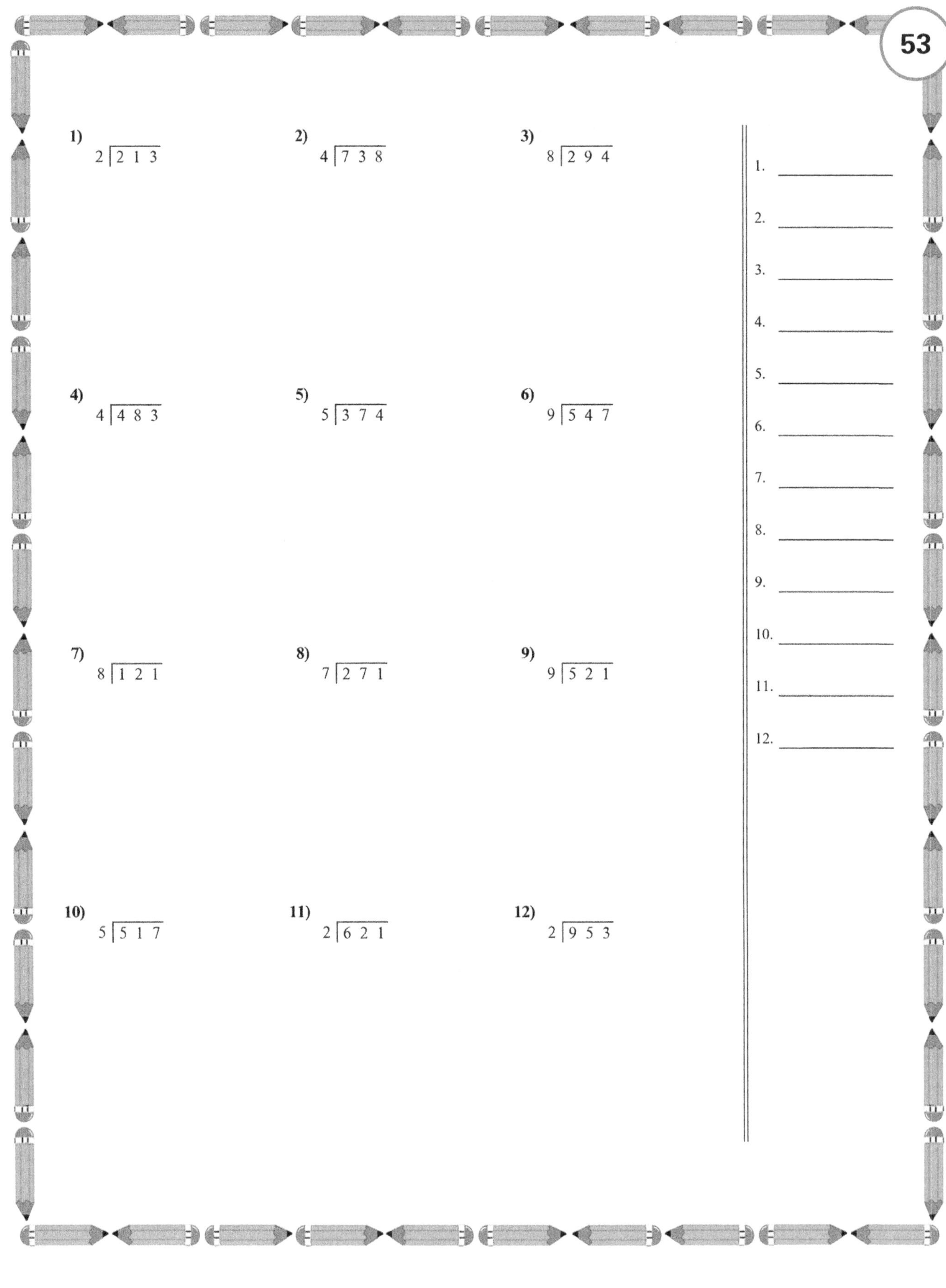

1) $2 \overline{)\ 2\ 1\ 3}$

2) $4 \overline{)\ 7\ 3\ 8}$

3) $8 \overline{)\ 2\ 9\ 4}$

4) $4 \overline{)\ 4\ 8\ 3}$

5) $5 \overline{)\ 3\ 7\ 4}$

6) $9 \overline{)\ 5\ 4\ 7}$

7) $8 \overline{)\ 1\ 2\ 1}$

8) $7 \overline{)\ 2\ 7\ 1}$

9) $9 \overline{)\ 5\ 2\ 1}$

10) $5 \overline{)\ 5\ 1\ 7}$

11) $2 \overline{)\ 6\ 2\ 1}$

12) $2 \overline{)\ 9\ 5\ 3}$

1. _______________
2. _______________
3. _______________
4. _______________
5. _______________
6. _______________
7. _______________
8. _______________
9. _______________
10. _______________
11. _______________
12. _______________

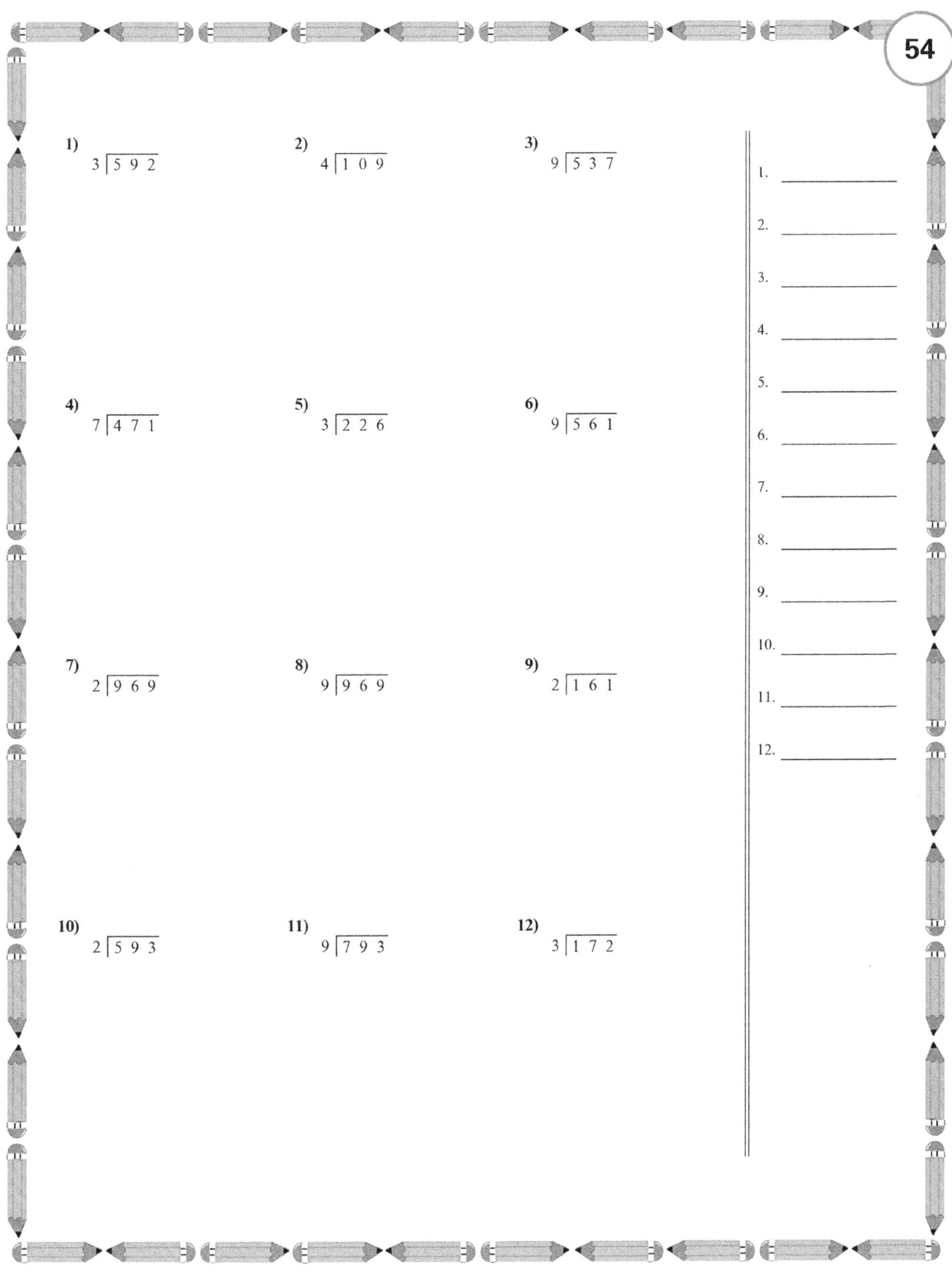

1) 3) 5 9 2

2) 4) 1 0 9

3) 9) 5 3 7

4) 7) 4 7 1

5) 3) 2 2 6

6) 9) 5 6 1

7) 2) 9 6 9

8) 9) 9 6 9

9) 2) 1 6 1

10) 2) 5 9 3

11) 9) 7 9 3

12) 3) 1 7 2

1. _______________
2. _______________
3. _______________
4. _______________
5. _______________
6. _______________
7. _______________
8. _______________
9. _______________
10. _______________
11. _______________
12. _______________

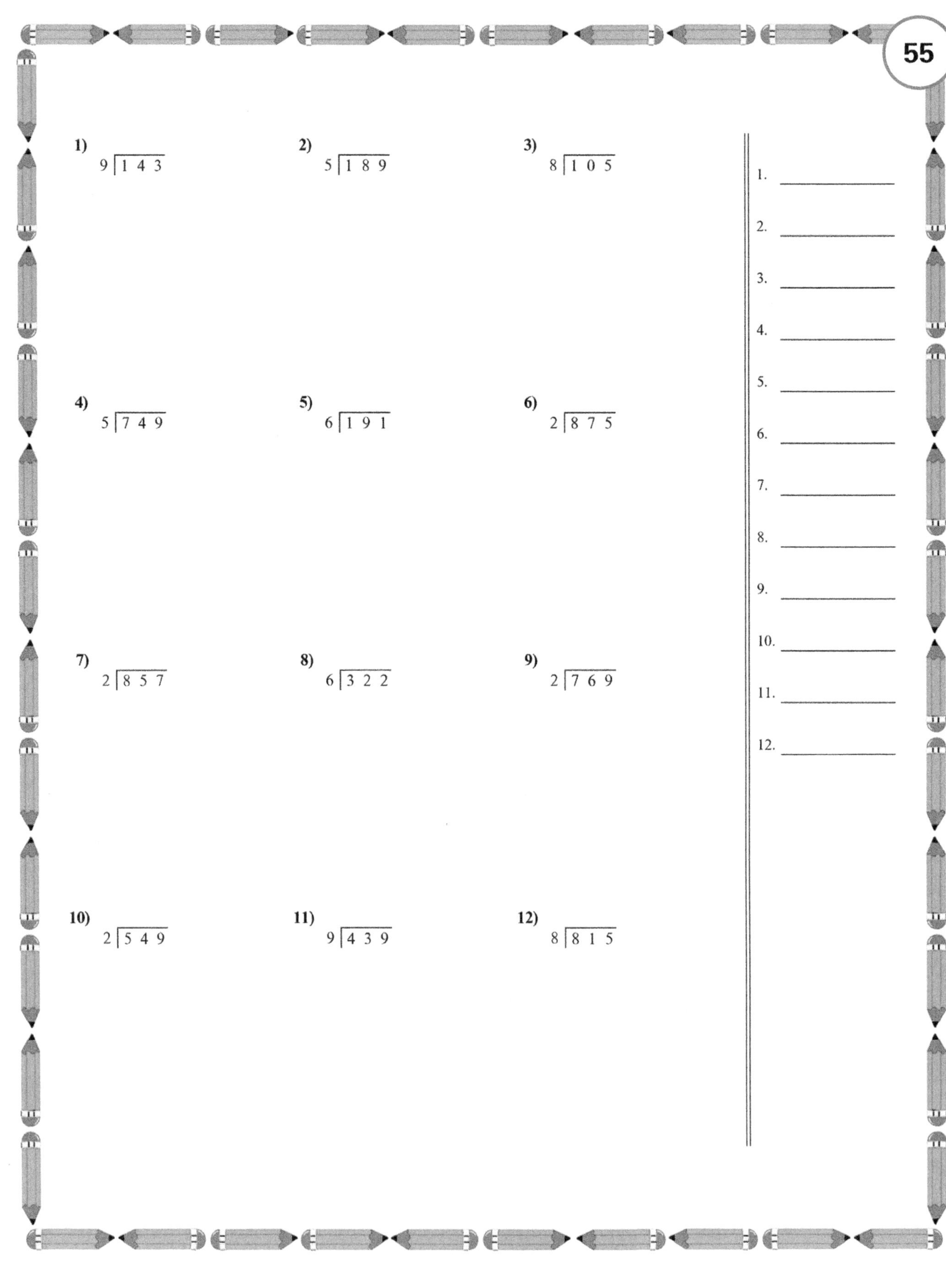

1) $9\overline{)143}$

2) $5\overline{)189}$

3) $8\overline{)105}$

4) $5\overline{)749}$

5) $6\overline{)191}$

6) $2\overline{)875}$

7) $2\overline{)857}$

8) $6\overline{)322}$

9) $2\overline{)769}$

10) $2\overline{)549}$

11) $9\overline{)439}$

12) $8\overline{)815}$

1. _______
2. _______
3. _______
4. _______
5. _______
6. _______
7. _______
8. _______
9. _______
10. _______
11. _______
12. _______

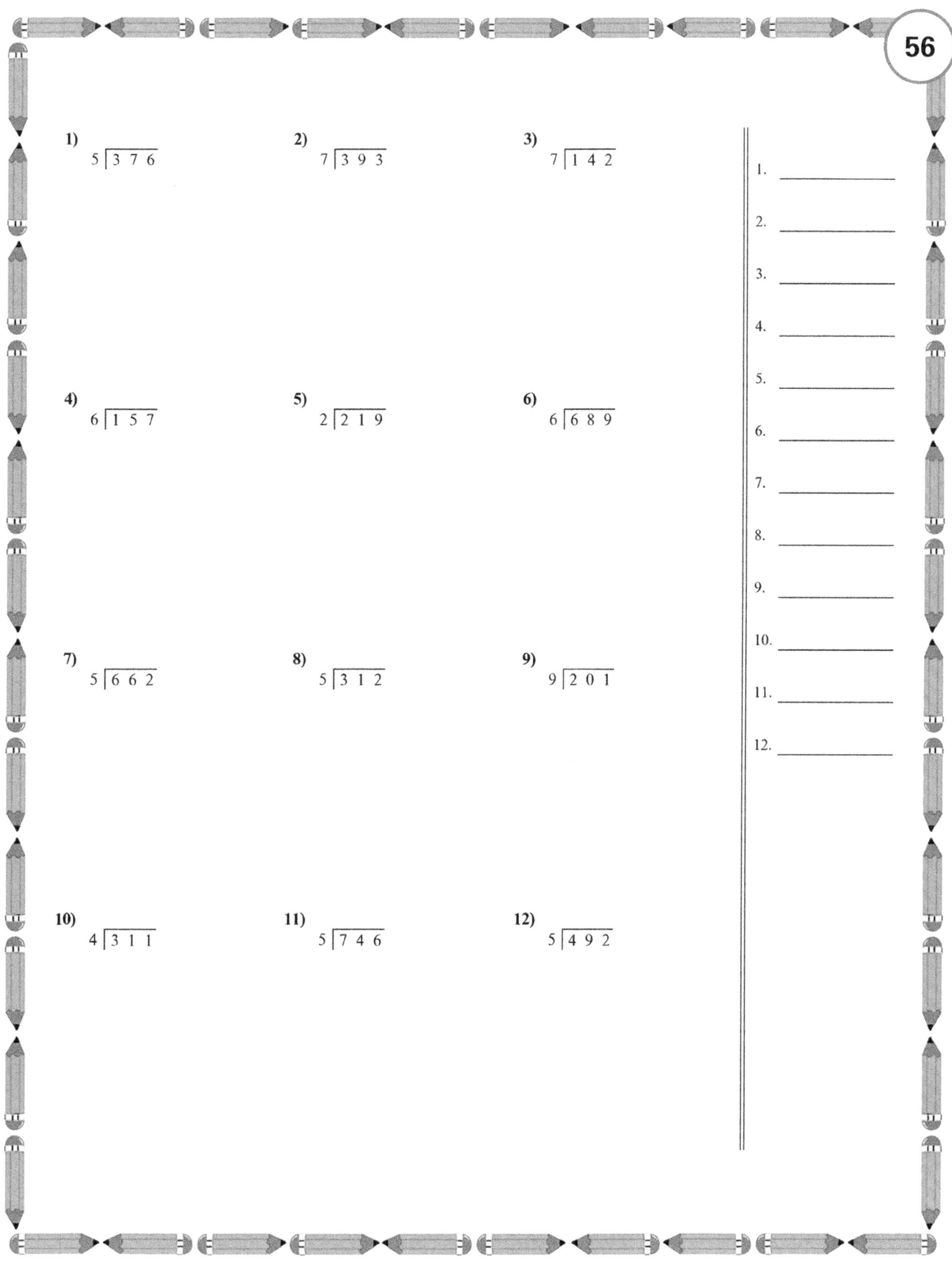

1) 5)‾3‾7‾6

2) 7)‾3‾9‾3

3) 7)‾1‾4‾2

4) 6)‾1‾5‾7

5) 2)‾2‾1‾9

6) 6)‾6‾8‾9

7) 5)‾6‾6‾2

8) 5)‾3‾1‾2

9) 9)‾2‾0‾1

10) 4)‾3‾1‾1

11) 5)‾7‾4‾6

12) 5)‾4‾9‾2

1. _______
2. _______
3. _______
4. _______
5. _______
6. _______
7. _______
8. _______
9. _______
10. _______
11. _______
12. _______

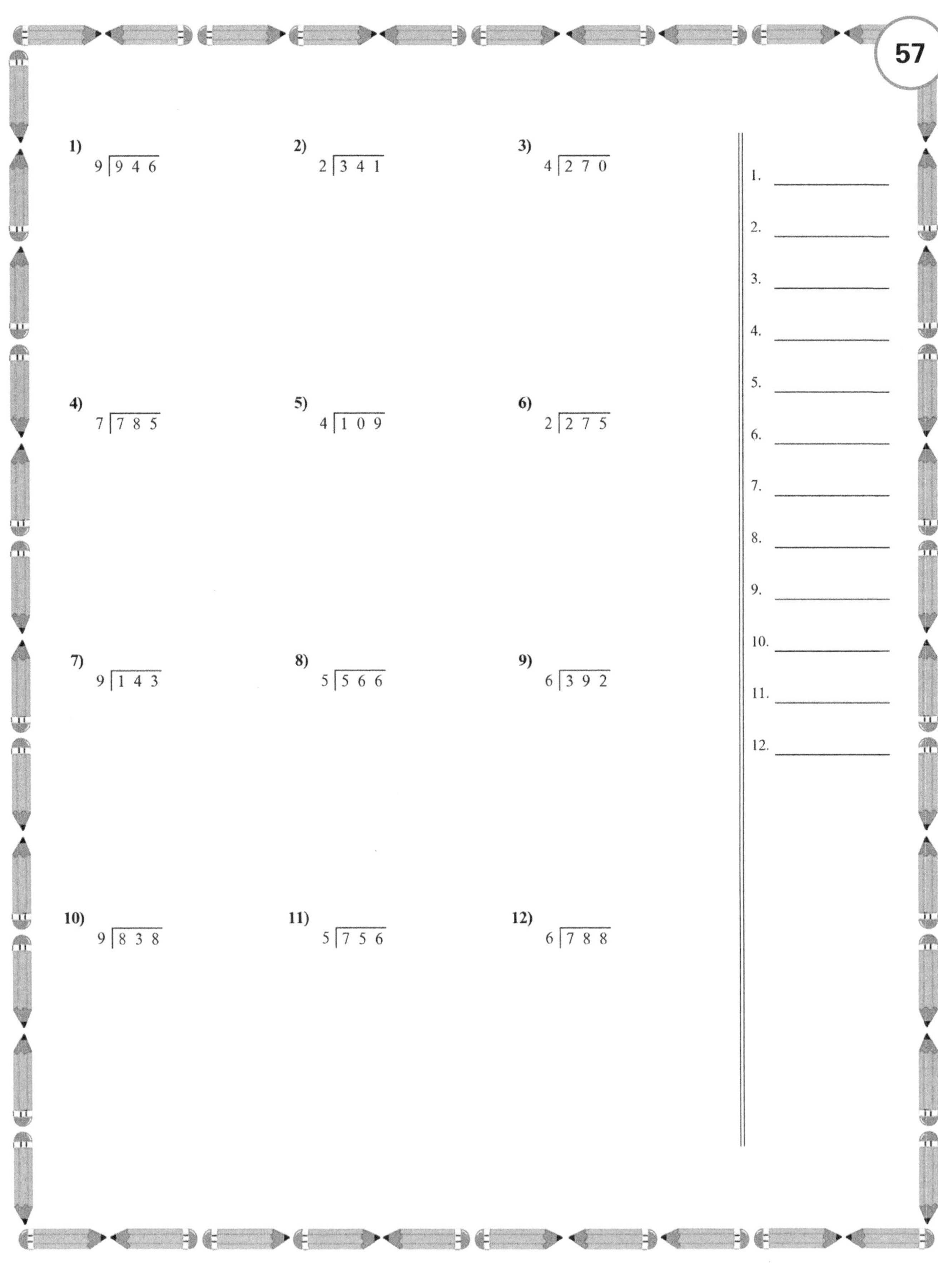

1) $9\,\overline{)\,9\ 4\ 6}$

2) $2\,\overline{)\,3\ 4\ 1}$

3) $4\,\overline{)\,2\ 7\ 0}$

4) $7\,\overline{)\,7\ 8\ 5}$

5) $4\,\overline{)\,1\ 0\ 9}$

6) $2\,\overline{)\,2\ 7\ 5}$

7) $9\,\overline{)\,1\ 4\ 3}$

8) $5\,\overline{)\,5\ 6\ 6}$

9) $6\,\overline{)\,3\ 9\ 2}$

10) $9\,\overline{)\,8\ 3\ 8}$

11) $5\,\overline{)\,7\ 5\ 6}$

12) $6\,\overline{)\,7\ 8\ 8}$

1. ______________
2. ______________
3. ______________
4. ______________
5. ______________
6. ______________
7. ______________
8. ______________
9. ______________
10. ______________
11. ______________
12. ______________

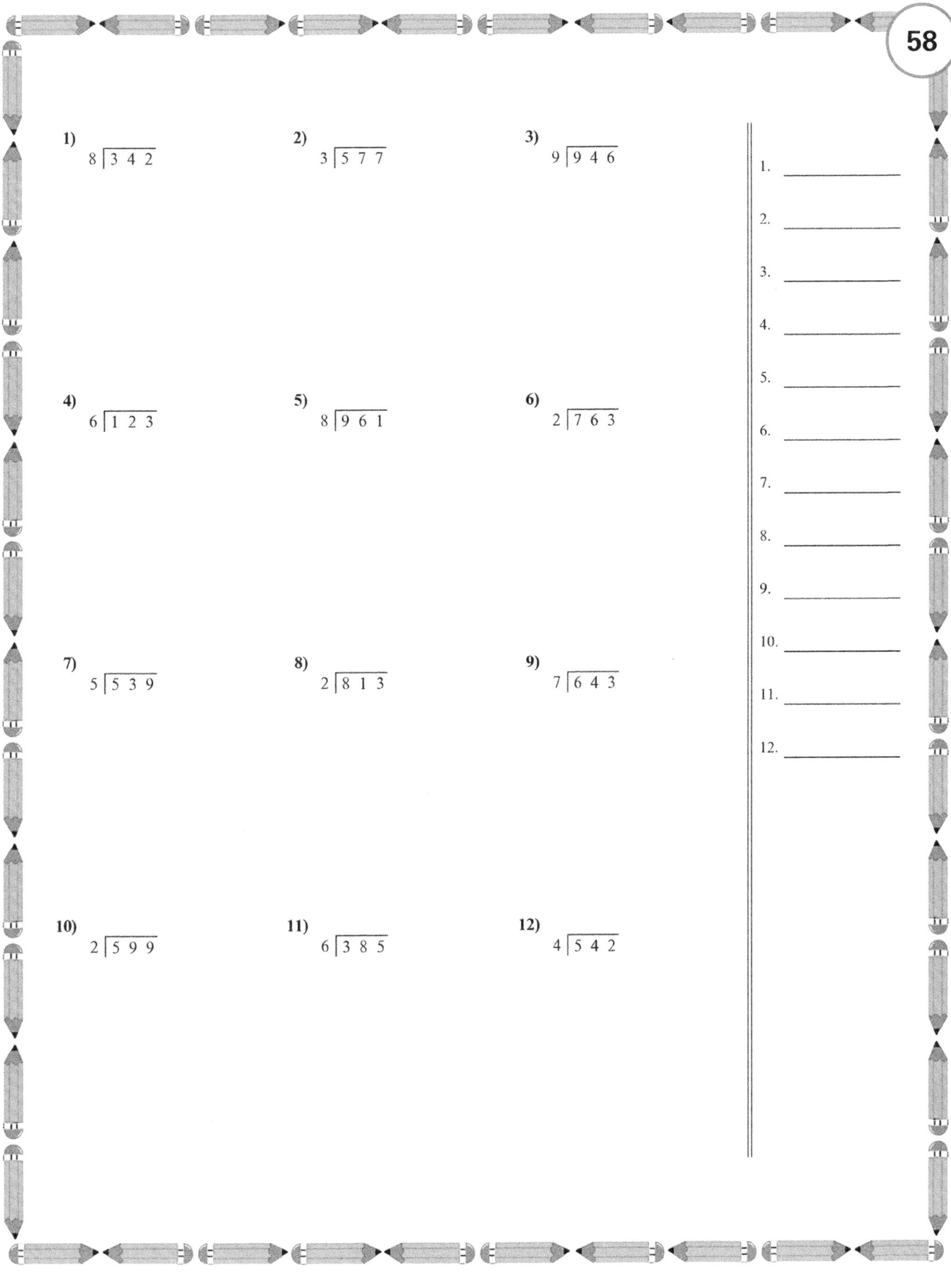

1) 8) 3 4 2

2) 3) 5 7 7

3) 9) 9 4 6

4) 6) 1 2 3

5) 8) 9 6 1

6) 2) 7 6 3

7) 5) 5 3 9

8) 2) 8 1 3

9) 7) 6 4 3

10) 2) 5 9 9

11) 6) 3 8 5

12) 4) 5 4 2

1. __________
2. __________
3. __________
4. __________
5. __________
6. __________
7. __________
8. __________
9. __________
10. __________
11. __________
12. __________

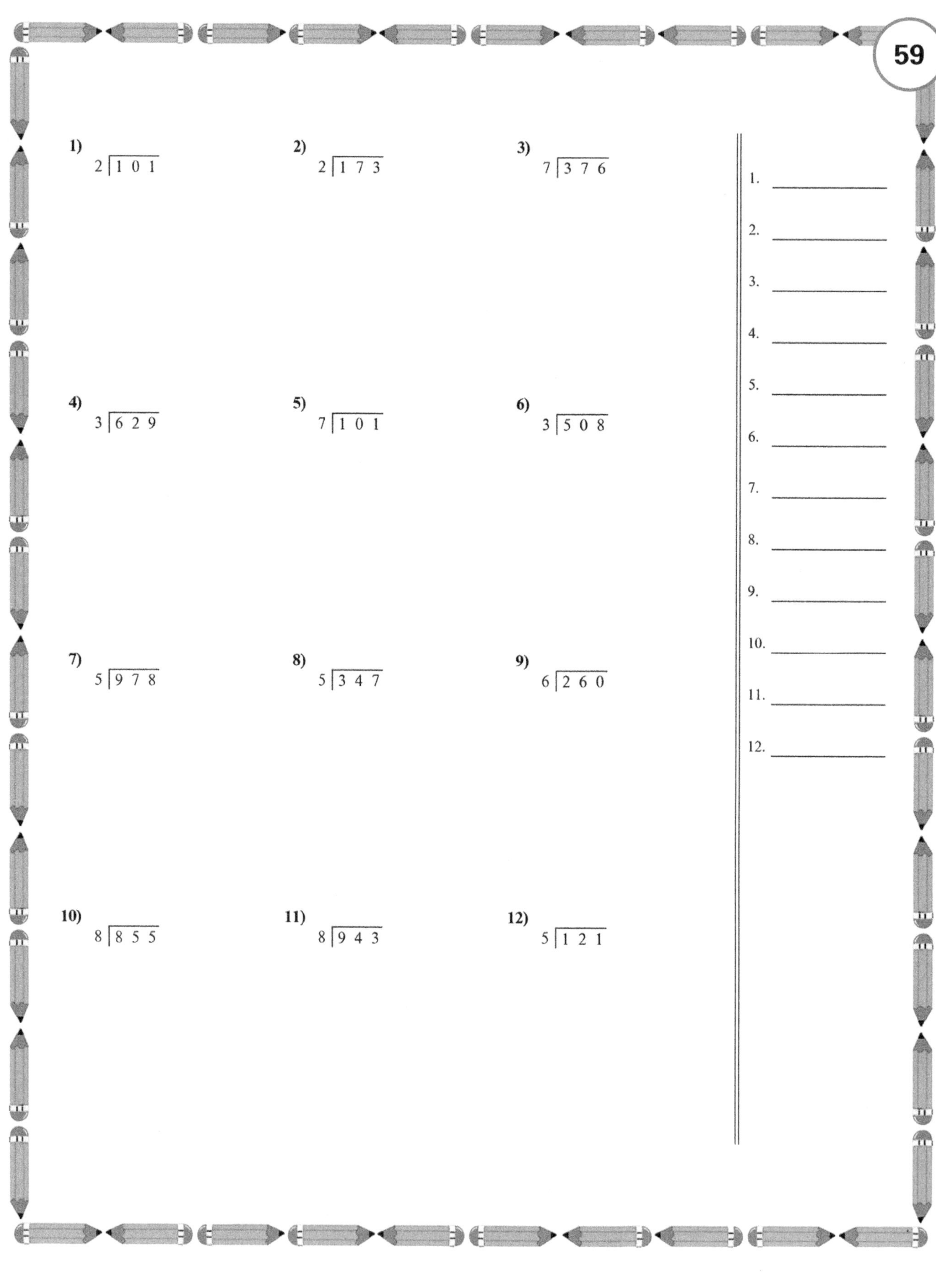

1) $2\,\overline{)101}$

2) $2\,\overline{)173}$

3) $7\,\overline{)376}$

4) $3\,\overline{)629}$

5) $7\,\overline{)101}$

6) $3\,\overline{)508}$

7) $5\,\overline{)978}$

8) $5\,\overline{)347}$

9) $6\,\overline{)260}$

10) $8\,\overline{)855}$

11) $8\,\overline{)943}$

12) $5\,\overline{)121}$

1. _____________
2. _____________
3. _____________
4. _____________
5. _____________
6. _____________
7. _____________
8. _____________
9. _____________
10. _____________
11. _____________
12. _____________

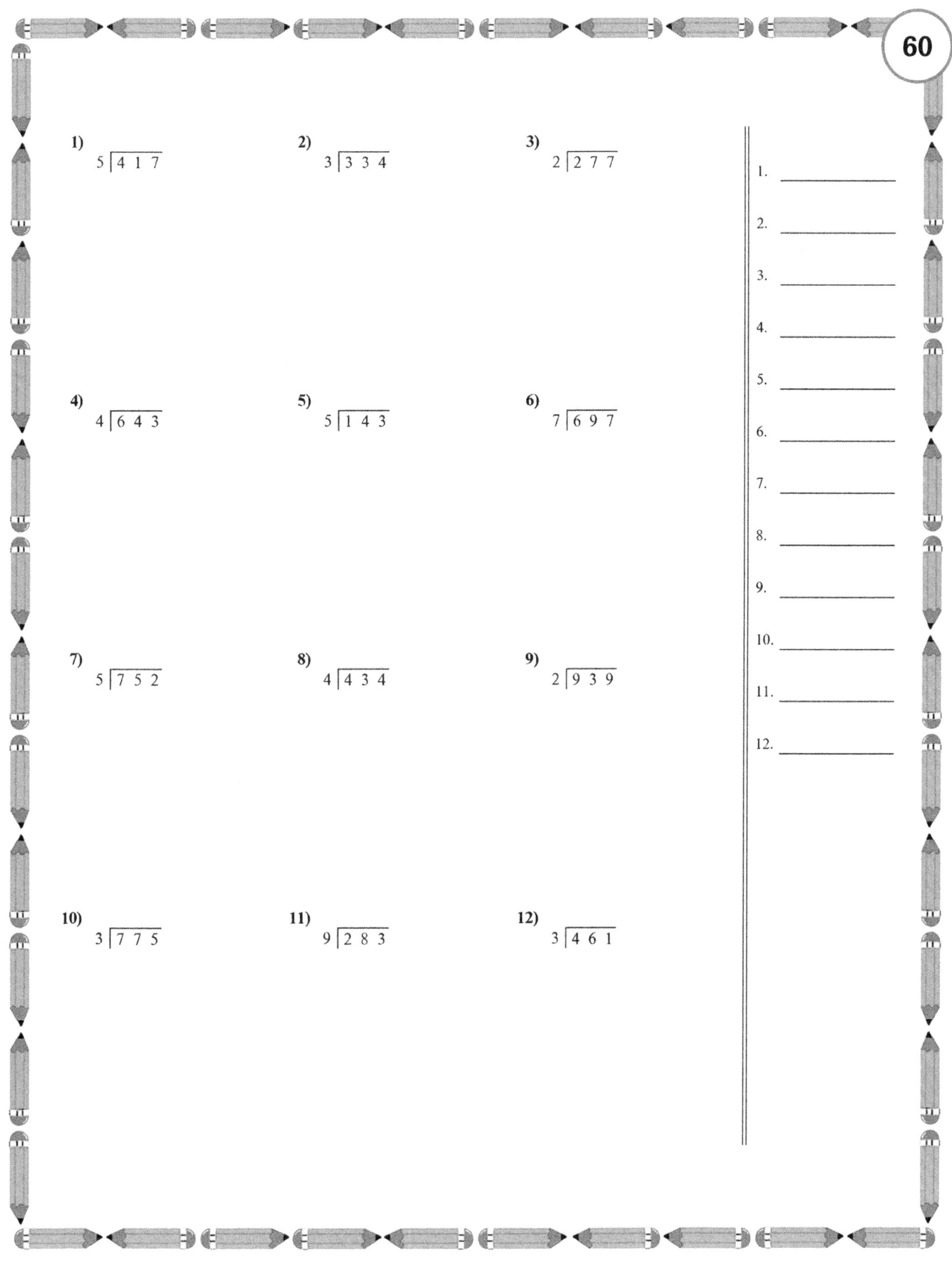

60

1) $5 \overline{)4\ 1\ 7}$

2) $3 \overline{)3\ 3\ 4}$

3) $2 \overline{)2\ 7\ 7}$

4) $4 \overline{)6\ 4\ 3}$

5) $5 \overline{)1\ 4\ 3}$

6) $7 \overline{)6\ 9\ 7}$

7) $5 \overline{)7\ 5\ 2}$

8) $4 \overline{)4\ 3\ 4}$

9) $2 \overline{)9\ 3\ 9}$

10) $3 \overline{)7\ 7\ 5}$

11) $9 \overline{)2\ 8\ 3}$

12) $3 \overline{)4\ 6\ 1}$

1. _______________
2. _______________
3. _______________
4. _______________
5. _______________
6. _______________
7. _______________
8. _______________
9. _______________
10. _______________
11. _______________
12. _______________

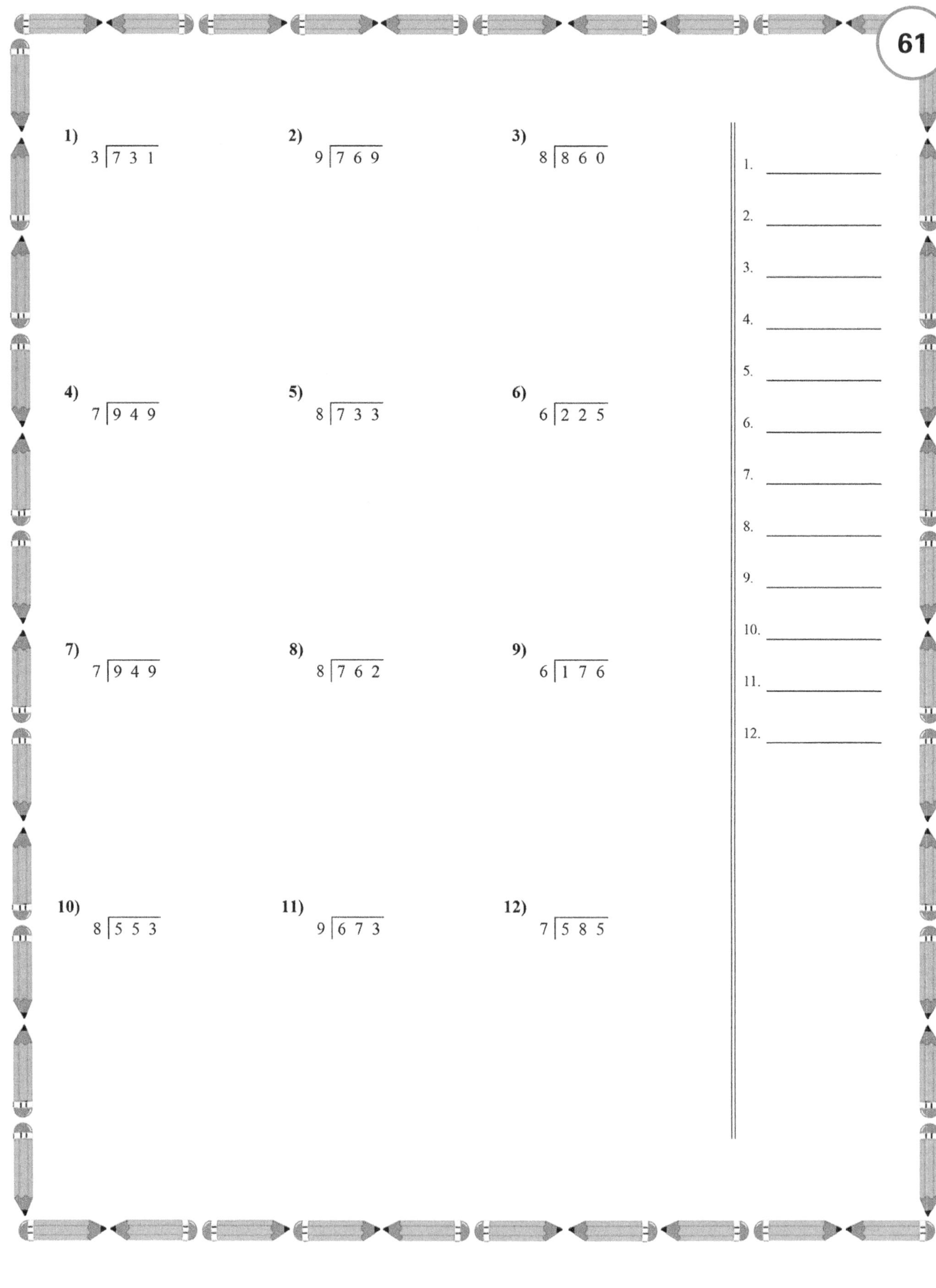

1) 3 | 7 3 1

2) 9 | 7 6 9

3) 8 | 8 6 0

4) 7 | 9 4 9

5) 8 | 7 3 3

6) 6 | 2 2 5

7) 7 | 9 4 9

8) 8 | 7 6 2

9) 6 | 1 7 6

10) 8 | 5 5 3

11) 9 | 6 7 3

12) 7 | 5 8 5

1. _______________
2. _______________
3. _______________
4. _______________
5. _______________
6. _______________
7. _______________
8. _______________
9. _______________
10. _______________
11. _______________
12. _______________

LÖSUNGSSCHLÜSSEL

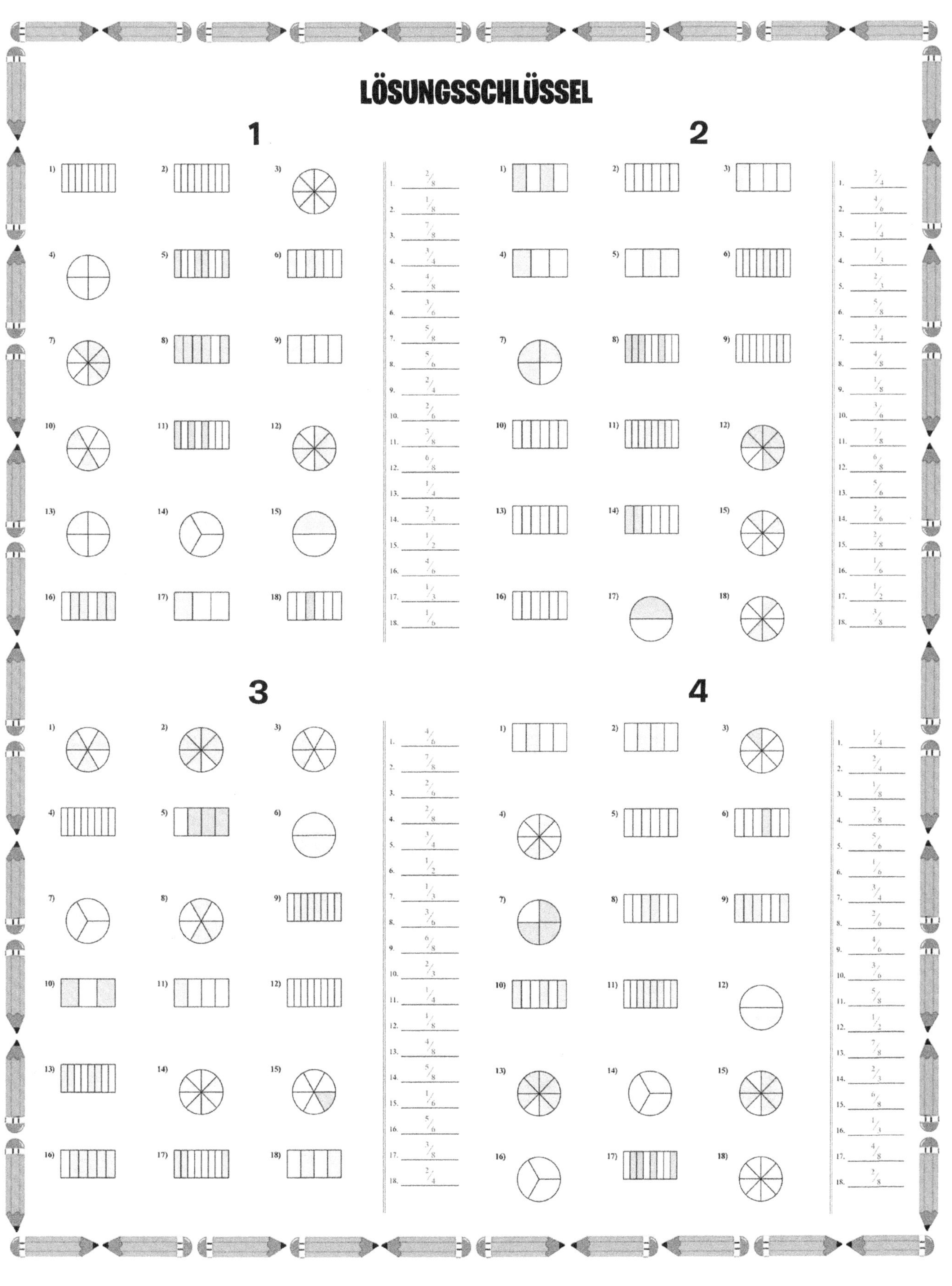

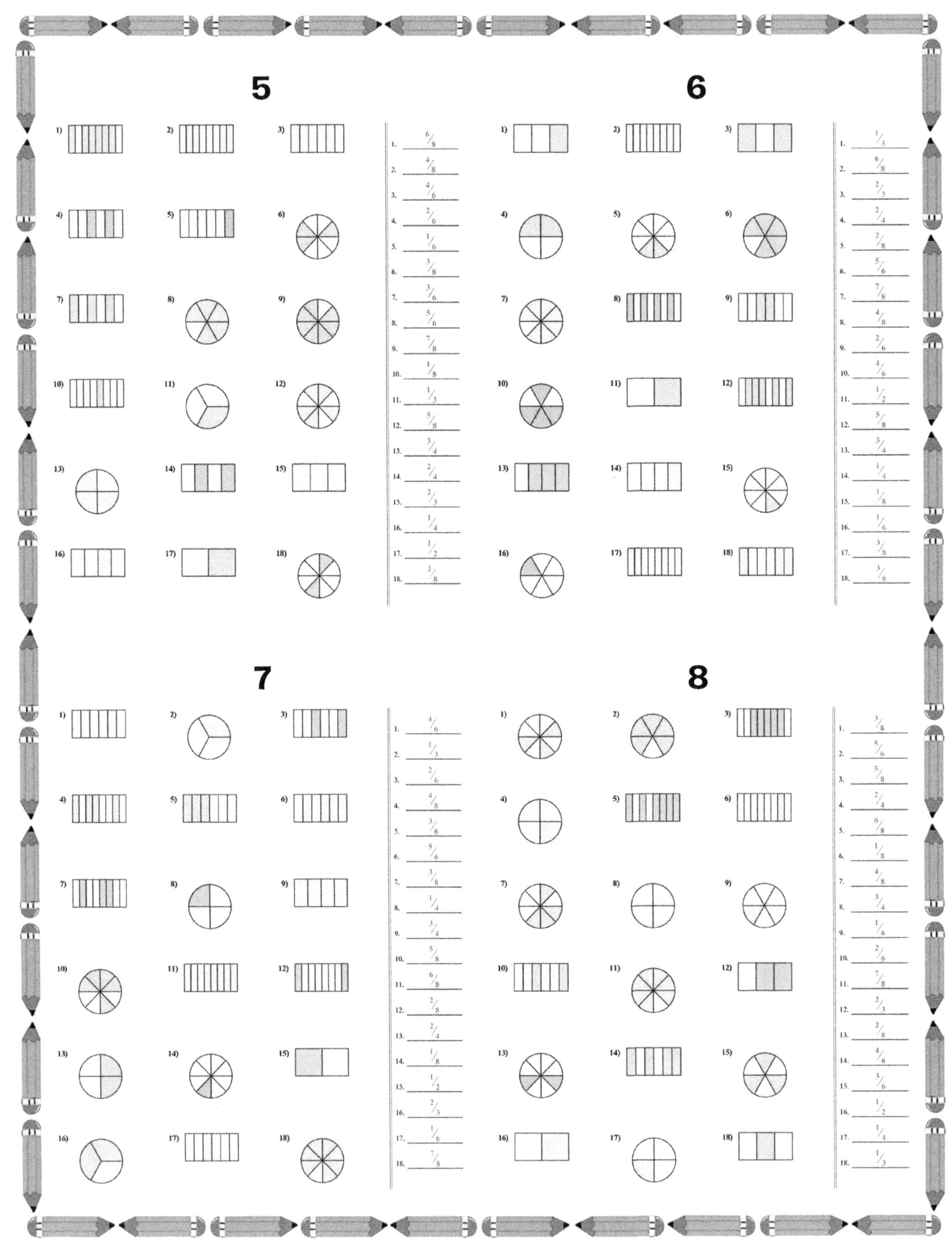

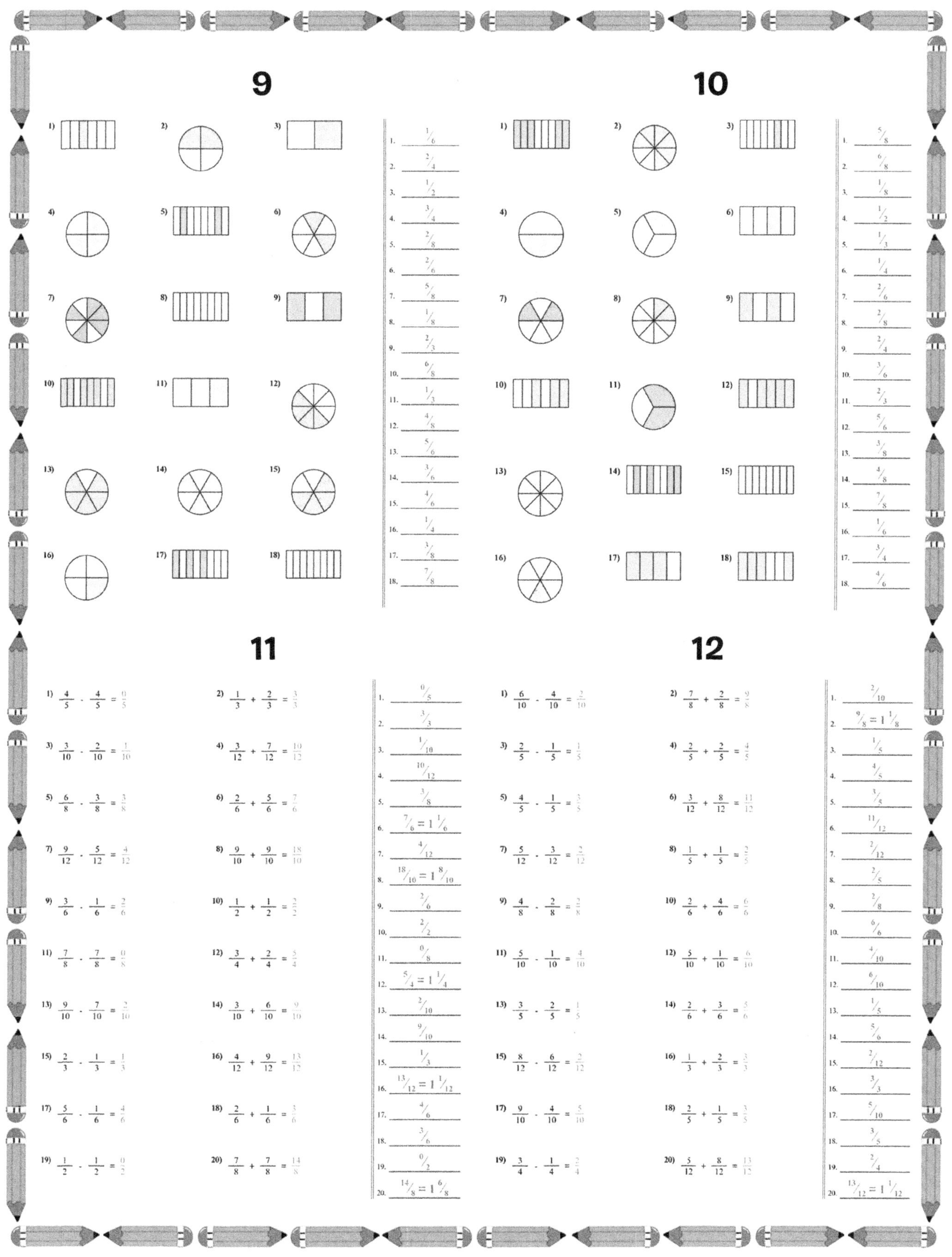

13

1) $\frac{4}{6} - \frac{4}{6} = \frac{0}{6}$
2) $\frac{10}{12} + \frac{10}{12} = \frac{20}{12}$
3) $\frac{2}{4} - \frac{1}{4} = \frac{1}{4}$
4) $\frac{8}{12} + \frac{8}{12} = \frac{16}{12}$
5) $\frac{1}{2} - \frac{1}{2} = \frac{0}{2}$
6) $\frac{1}{3} + \frac{1}{3} = \frac{2}{3}$
7) $\frac{4}{5} - \frac{3}{5} = \frac{1}{5}$
8) $\frac{4}{5} + \frac{4}{5} = \frac{8}{5}$
9) $\frac{11}{12} - \frac{11}{12} = \frac{0}{12}$
10) $\frac{5}{8} + \frac{2}{8} = \frac{7}{8}$
11) $\frac{3}{5} - \frac{1}{5} = \frac{2}{5}$
12) $\frac{5}{10} + \frac{4}{10} = \frac{9}{10}$
13) $\frac{4}{5} - \frac{2}{5} = \frac{2}{5}$
14) $\frac{1}{4} + \frac{3}{4} = \frac{4}{4}$
15) $\frac{5}{10} - \frac{1}{10} = \frac{4}{10}$
16) $\frac{2}{5} + \frac{4}{5} = \frac{6}{5}$
17) $\frac{2}{3} - \frac{2}{3} = \frac{0}{3}$
18) $\frac{4}{10} + \frac{7}{10} = \frac{11}{10}$
19) $\frac{5}{10} - \frac{3}{10} = \frac{2}{10}$
20) $\frac{7}{10} + \frac{9}{10} = \frac{16}{10}$

1. $\frac{0}{6}$
2. $\frac{20}{12} = 1\frac{8}{12}$
3. $\frac{1}{4}$
4. $\frac{16}{12} = 1\frac{4}{12}$
5. $\frac{0}{2}$
6. $\frac{2}{3}$
7. $\frac{1}{5}$
8. $\frac{8}{5} = 1\frac{3}{5}$
9. $\frac{0}{12}$
10. $\frac{7}{8}$
11. $\frac{2}{5}$
12. $\frac{9}{10}$
13. $\frac{2}{5}$
14. $\frac{4}{4}$
15. $\frac{4}{10}$
16. $\frac{6}{5} = 1\frac{1}{5}$
17. $\frac{0}{3}$
18. $\frac{11}{10} = 1\frac{1}{10}$
19. $\frac{2}{10}$
20. $\frac{16}{10} = 1\frac{6}{10}$

14

1) $\frac{5}{6} - \frac{4}{6} = \frac{1}{6}$
2) $\frac{7}{12} + \frac{3}{12} = \frac{10}{12}$
3) $\frac{4}{6} - \frac{2}{6} = \frac{2}{6}$
4) $\frac{9}{10} + \frac{8}{10} = \frac{17}{10}$
5) $\frac{3}{4} - \frac{1}{4} = \frac{2}{4}$
6) $\frac{6}{8} + \frac{6}{8} = \frac{12}{8}$
7) $\frac{3}{4} - \frac{2}{4} = \frac{1}{4}$
8) $\frac{1}{6} + \frac{5}{6} = \frac{6}{6}$
9) $\frac{7}{12} - \frac{5}{12} = \frac{2}{12}$
10) $\frac{1}{2} + \frac{1}{2} = \frac{2}{2}$
11) $\frac{4}{10} - \frac{1}{10} = \frac{3}{10}$
12) $\frac{7}{10} + \frac{7}{10} = \frac{14}{10}$
13) $\frac{2}{3} - \frac{1}{3} = \frac{1}{3}$
14) $\frac{4}{5} + \frac{4}{5} = \frac{8}{5}$
15) $\frac{11}{12} - \frac{9}{12} = \frac{2}{12}$
16) $\frac{1}{8} + \frac{7}{8} = \frac{8}{8}$
17) $\frac{4}{5} - \frac{3}{5} = \frac{1}{5}$
18) $\frac{1}{10} + \frac{3}{10} = \frac{4}{10}$
19) $\frac{6}{8} - \frac{4}{8} = \frac{2}{8}$
20) $\frac{3}{4} + \frac{1}{4} = \frac{4}{4}$

1. $\frac{1}{6}$
2. $\frac{10}{12}$
3. $\frac{2}{6}$
4. $\frac{17}{10} = 1\frac{7}{10}$
5. $\frac{2}{4}$
6. $\frac{12}{8} = 1\frac{4}{8}$
7. $\frac{1}{4}$
8. $\frac{6}{6}$
9. $\frac{2}{12}$
10. $\frac{2}{2}$
11. $\frac{3}{10}$
12. $\frac{14}{10} = 1\frac{4}{10}$
13. $\frac{1}{3}$
14. $\frac{8}{5} = 1\frac{3}{5}$
15. $\frac{2}{12}$
16. $\frac{8}{8}$
17. $\frac{1}{5}$
18. $\frac{4}{10}$
19. $\frac{2}{8}$
20. $\frac{4}{4}$

15

1) $\frac{1}{2} - \frac{1}{2} = \frac{0}{2}$
2) $\frac{1}{2} + \frac{1}{2} = \frac{2}{2}$
3) $\frac{7}{10} - \frac{2}{10} = \frac{5}{10}$
4) $\frac{5}{12} + \frac{3}{12} = \frac{8}{12}$
5) $\frac{5}{6} - \frac{4}{6} = \frac{1}{6}$
6) $\frac{2}{3} + \frac{1}{3} = \frac{3}{3}$
7) $\frac{2}{3} - \frac{1}{3} = \frac{1}{3}$
8) $\frac{3}{4} + \frac{1}{4} = \frac{4}{4}$
9) $\frac{6}{8} - \frac{4}{8} = \frac{2}{8}$
10) $\frac{1}{10} + \frac{8}{10} = \frac{9}{10}$
11) $\frac{5}{6} - \frac{1}{6} = \frac{4}{6}$
12) $\frac{9}{12} + \frac{8}{12} = \frac{17}{12}$
13) $\frac{6}{10} - \frac{5}{10} = \frac{1}{10}$
14) $\frac{3}{4} + \frac{3}{4} = \frac{6}{4}$
15) $\frac{4}{5} - \frac{3}{5} = \frac{1}{5}$
16) $\frac{4}{12} + \frac{11}{12} = \frac{15}{12}$
17) $\frac{2}{4} - \frac{2}{4} = \frac{0}{4}$
18) $\frac{4}{12} + \frac{8}{12} = \frac{12}{12}$
19) $\frac{5}{8} - \frac{2}{8} = \frac{3}{8}$
20) $\frac{2}{5} + \frac{4}{5} = \frac{6}{5}$

1. $\frac{0}{2}$
2. $\frac{2}{2}$
3. $\frac{5}{10}$
4. $\frac{8}{12}$
5. $\frac{1}{6}$
6. $\frac{3}{3}$
7. $\frac{1}{3}$
8. $\frac{4}{4}$
9. $\frac{2}{8}$
10. $\frac{9}{10}$
11. $\frac{4}{6}$
12. $\frac{17}{12} = 1\frac{5}{12}$
13. $\frac{1}{10}$
14. $\frac{6}{4} = 1\frac{2}{4}$
15. $\frac{1}{5}$
16. $\frac{15}{12} = 1\frac{3}{12}$
17. $\frac{0}{4}$
18. $\frac{12}{12}$
19. $\frac{3}{8}$
20. $\frac{6}{5} = 1\frac{1}{5}$

16

1) $\frac{9}{10} - \frac{5}{10} = \frac{4}{10}$
2) $\frac{2}{12} + \frac{2}{12} = \frac{4}{12}$
3) $\frac{5}{8} - \frac{5}{8} = \frac{0}{8}$
4) $\frac{1}{5} + \frac{1}{5} = \frac{2}{5}$
5) $\frac{4}{10} - \frac{3}{10} = \frac{1}{10}$
6) $\frac{3}{4} + \frac{1}{4} = \frac{4}{4}$
7) $\frac{4}{5} - \frac{1}{5} = \frac{3}{5}$
8) $\frac{4}{6} + \frac{3}{6} = \frac{7}{6}$
9) $\frac{1}{2} - \frac{1}{2} = \frac{0}{2}$
10) $\frac{3}{5} + \frac{2}{5} = \frac{5}{5}$
11) $\frac{5}{6} - \frac{1}{6} = \frac{4}{6}$
12) $\frac{4}{5} + \frac{4}{5} = \frac{8}{5}$
13) $\frac{7}{10} - \frac{2}{10} = \frac{5}{10}$
14) $\frac{3}{8} + \frac{7}{8} = \frac{10}{8}$
15) $\frac{10}{12} - \frac{4}{12} = \frac{6}{12}$
16) $\frac{3}{6} + \frac{4}{6} = \frac{7}{6}$
17) $\frac{3}{5} - \frac{1}{5} = \frac{2}{5}$
18) $\frac{6}{10} + \frac{5}{10} = \frac{11}{10}$
19) $\frac{11}{12} - \frac{2}{12} = \frac{9}{12}$
20) $\frac{1}{4} + \frac{3}{4} = \frac{4}{4}$

1. $\frac{4}{10}$
2. $\frac{4}{12}$
3. $\frac{0}{8}$
4. $\frac{2}{5}$
5. $\frac{1}{10}$
6. $\frac{4}{4}$
7. $\frac{3}{5}$
8. $\frac{7}{6} = 1\frac{1}{6}$
9. $\frac{0}{2}$
10. $\frac{5}{5}$
11. $\frac{4}{6}$
12. $\frac{8}{5} = 1\frac{3}{5}$
13. $\frac{5}{10}$
14. $\frac{10}{8} = 1\frac{2}{8}$
15. $\frac{6}{12}$
16. $\frac{7}{6} = 1\frac{1}{6}$
17. $\frac{2}{5}$
18. $\frac{11}{10} = 1\frac{1}{10}$
19. $\frac{9}{12}$
20. $\frac{4}{4}$

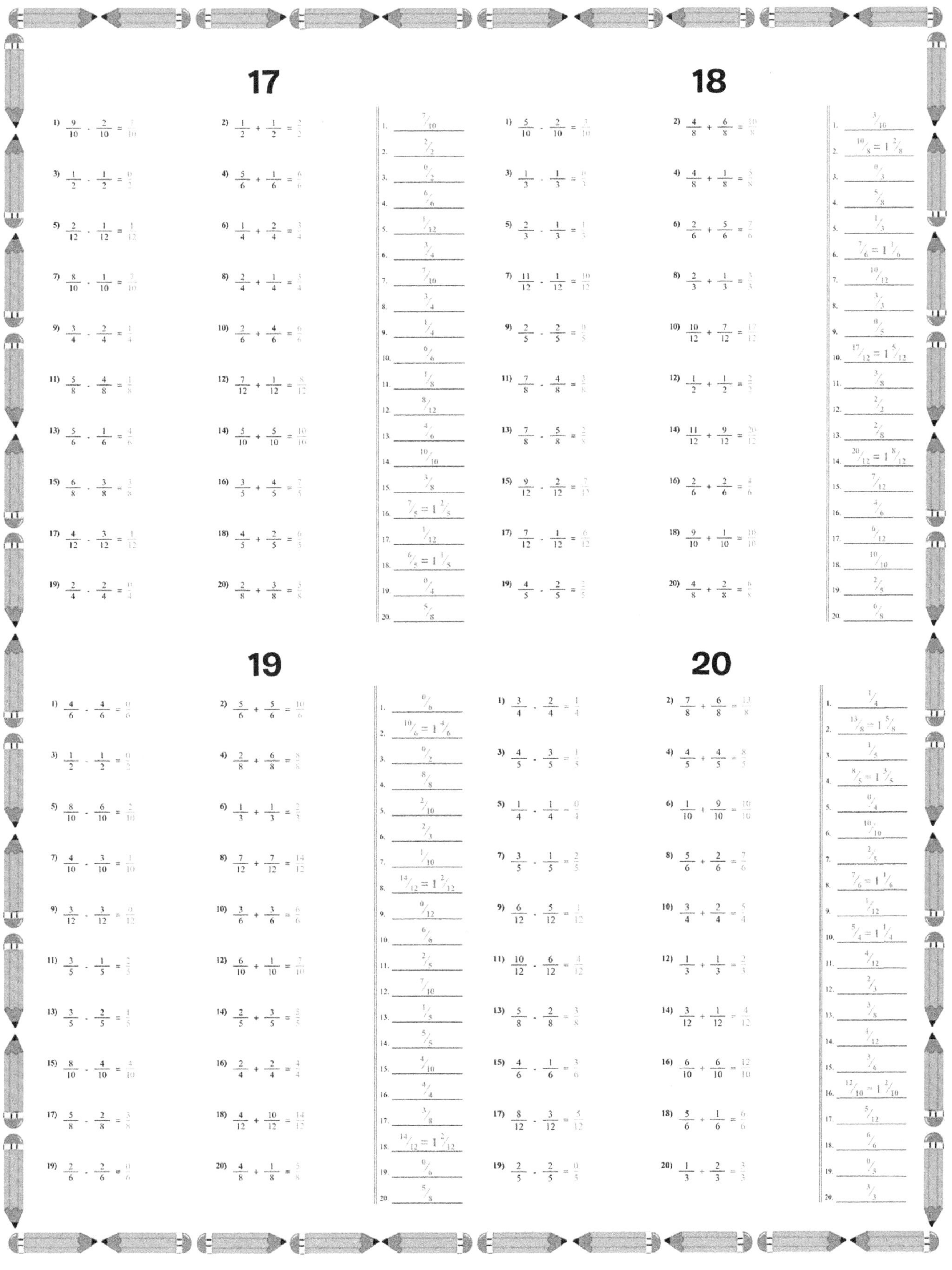

21

Ex) $\frac{2}{6} \times 2 = \frac{4}{6}$
1) $\frac{2}{8} \times 3 = \frac{6}{8}$
2) $9 \times \frac{1}{4} = 2\frac{1}{4}$
3) $\frac{4}{12} \times 7 = 2\frac{4}{12}$
4) $\frac{4}{6} \times 9 = 6$
5) $\frac{4}{12} \times 10 = 3\frac{4}{12}$
6) $5 \times \frac{1}{4} = 1\frac{1}{4}$
7) $8 \times \frac{2}{3} = 5\frac{1}{3}$
8) $7 \times \frac{9}{12} = 5\frac{3}{12}$
9) $\frac{10}{12} \times 7 = 5\frac{10}{12}$
10) $8 \times \frac{1}{3} = 2\frac{2}{3}$
11) $10 \times \frac{1}{3} = 3\frac{1}{3}$
12) $\frac{4}{12} \times 6 = 2$
13) $7 \times \frac{4}{6} = 4\frac{4}{6}$
14) $\frac{2}{8} \times 4 = 1$
15) $\frac{7}{8} \times 8 = 7$
16) $6 \times \frac{3}{4} = 4\frac{2}{4}$
17) $3 \times \frac{1}{8} = \frac{3}{8}$

Answers:
Ex. $\frac{4}{6}$
1. $\frac{6}{8}$
2. $2\frac{1}{4}$
3. $2\frac{4}{12}$
4. 6
5. $3\frac{4}{12}$
6. $1\frac{1}{4}$
7. $5\frac{1}{3}$
8. $5\frac{3}{12}$
9. $5\frac{10}{12}$
10. $2\frac{2}{3}$
11. $3\frac{1}{3}$
12. 2
13. $4\frac{4}{6}$
14. 1
15. 7
16. $4\frac{2}{4}$
17. $\frac{3}{8}$

22

Ex) $9 \times \frac{4}{8} = 4\frac{4}{8}$
1) $6 \times \frac{8}{12} = 4$
2) $5 \times \frac{4}{8} = 2\frac{4}{8}$
3) $8 \times \frac{1}{3} = 2\frac{2}{3}$
4) $\frac{1}{5} \times 4 = \frac{4}{5}$
5) $\frac{1}{3} \times 3 = 1$
6) $7 \times \frac{4}{5} = 5\frac{3}{5}$
7) $3 \times \frac{2}{4} = 1\frac{2}{4}$
8) $5 \times \frac{1}{10} = \frac{5}{10}$
9) $\frac{7}{8} \times 9 = 7\frac{7}{8}$
10) $\frac{1}{5} \times 9 = 1\frac{4}{5}$
11) $4 \times \frac{5}{8} = 2\frac{4}{8}$
12) $7 \times \frac{6}{10} = 4\frac{2}{10}$
13) $7 \times \frac{1}{3} = 2\frac{1}{3}$
14) $\frac{5}{6} \times 9 = 7\frac{3}{6}$
15) $7 \times \frac{8}{10} = 5\frac{6}{10}$
16) $6 \times \frac{3}{6} = 3$
17) $\frac{7}{12} \times 8 = 4\frac{8}{12}$

Answers:
Ex. $4\frac{4}{8}$
1. 4
2. $2\frac{4}{8}$
3. $2\frac{2}{3}$
4. $\frac{4}{5}$
5. 1
6. $5\frac{3}{5}$
7. $1\frac{2}{4}$
8. $\frac{5}{10}$
9. $7\frac{7}{8}$
10. $1\frac{4}{5}$
11. $2\frac{4}{8}$
12. $4\frac{2}{10}$
13. $2\frac{1}{3}$
14. $7\frac{3}{6}$
15. $5\frac{6}{10}$
16. 3
17. $4\frac{8}{12}$

23

Ex) $2 \times \frac{2}{4} = 1$
1) $\frac{1}{5} \times 9 = 1\frac{4}{5}$
2) $7 \times \frac{1}{3} = 2\frac{1}{3}$
3) $\frac{4}{12} \times 6 = 2$
4) $\frac{9}{10} \times 2 = 1\frac{8}{10}$
5) $7 \times \frac{3}{5} = 4\frac{1}{5}$
6) $\frac{5}{6} \times 9 = 7\frac{3}{6}$
7) $\frac{1}{5} \times 3 = \frac{3}{5}$
8) $5 \times \frac{2}{6} = 1\frac{4}{6}$
9) $\frac{1}{4} \times 10 = 2\frac{2}{4}$
10) $\frac{3}{6} \times 10 = 5$
11) $9 \times \frac{4}{10} = 3\frac{6}{10}$
12) $2 \times \frac{4}{5} = 1\frac{3}{5}$
13) $\frac{4}{6} \times 6 = 4$
14) $6 \times \frac{2}{5} = 2\frac{2}{5}$
15) $4 \times \frac{3}{5} = 2\frac{2}{5}$
16) $\frac{7}{12} \times 7 = 4\frac{1}{12}$
17) $\frac{6}{10} \times 7 = 4\frac{2}{10}$

Answers:
Ex. 1
1. $1\frac{4}{5}$
2. $2\frac{1}{3}$
3. 2
4. $1\frac{8}{10}$
5. $4\frac{1}{5}$
6. $7\frac{3}{6}$
7. $\frac{3}{5}$
8. $1\frac{4}{6}$
9. $2\frac{2}{4}$
10. 5
11. $3\frac{6}{10}$
12. $1\frac{3}{5}$
13. 4
14. $2\frac{3}{8}$
15. $2\frac{2}{5}$
16. $4\frac{1}{12}$
17. $4\frac{2}{10}$

24

Ex) $\frac{2}{3} \times 10 = 6\frac{2}{3}$
1) $\frac{1}{5} \times 6 = 1\frac{1}{5}$
2) $6 \times \frac{1}{3} = 2$
3) $9 \times \frac{2}{3} = 6$
4) $\frac{1}{8} \times 4 = \frac{4}{8}$
5) $2 \times \frac{2}{3} = 1\frac{1}{3}$
6) $8 \times \frac{7}{10} = 5\frac{6}{10}$
7) $\frac{4}{5} \times 7 = 5\frac{3}{5}$
8) $9 \times \frac{3}{5} = 5\frac{2}{5}$
9) $8 \times \frac{3}{8} = 3$
10) $6 \times \frac{2}{8} = 1\frac{4}{8}$
11) $4 \times \frac{1}{3} = 1\frac{1}{3}$
12) $\frac{3}{5} \times 8 = 4\frac{4}{5}$
13) $\frac{4}{5} \times 3 = 2\frac{2}{5}$
14) $2 \times \frac{7}{8} = 1\frac{6}{8}$
15) $\frac{7}{10} \times 5 = 3\frac{5}{10}$
16) $9 \times \frac{1}{4} = 2\frac{1}{4}$
17) $\frac{4}{8} \times 6 = 3$

Answers:
Ex. $6\frac{2}{3}$
1. $1\frac{1}{5}$
2. 2
3. 6
4. $\frac{4}{8}$
5. $1\frac{1}{3}$
6. $5\frac{6}{10}$
7. $5\frac{3}{5}$
8. $5\frac{2}{5}$
9. 3
10. $1\frac{4}{8}$
11. $1\frac{1}{3}$
12. $4\frac{4}{5}$
13. $2\frac{2}{5}$
14. $1\frac{6}{8}$
15. $3\frac{5}{10}$
16. $2\frac{1}{4}$
17. 3

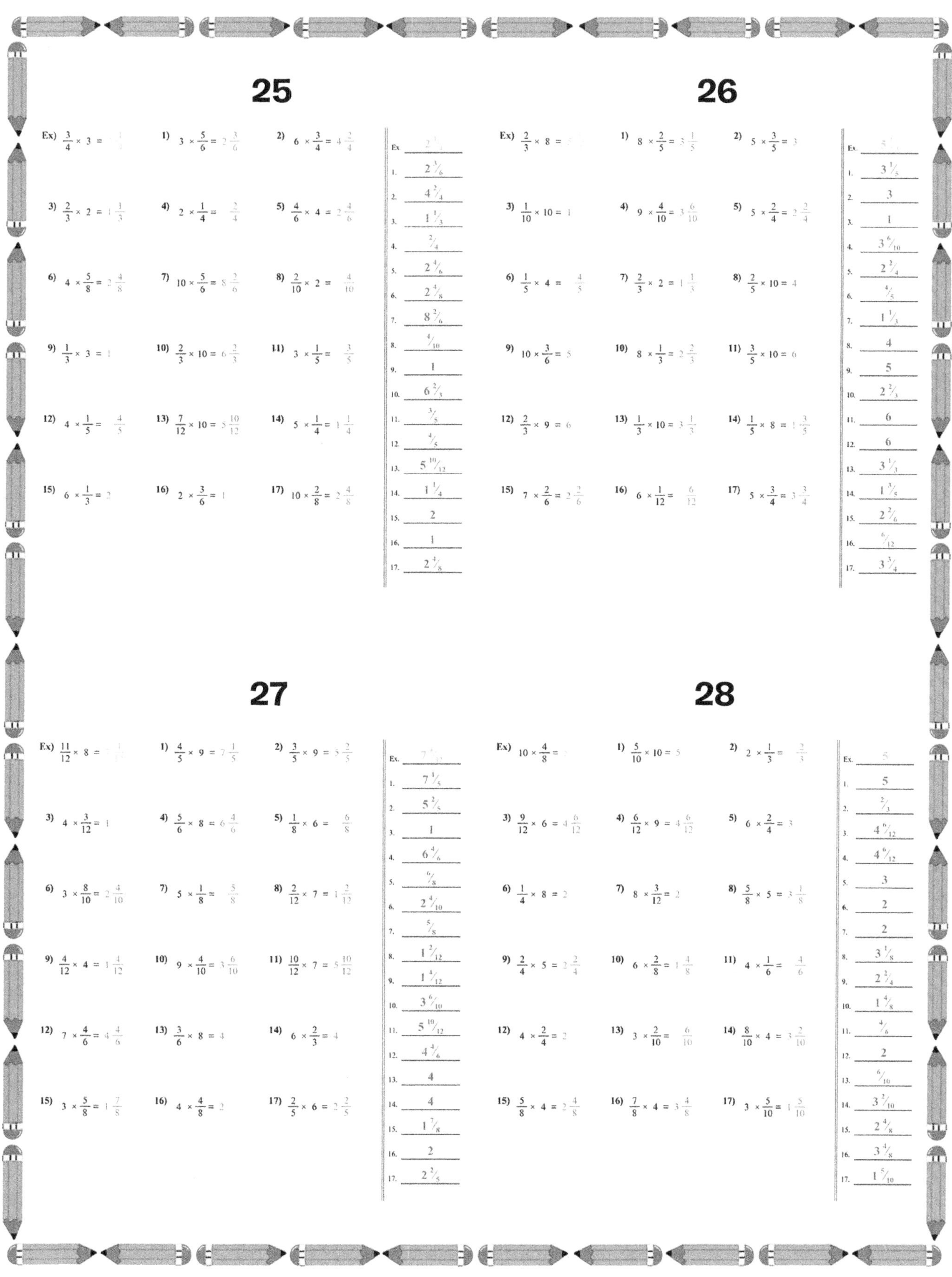

25

Ex) $\frac{3}{4} \times 3 =$ 1) $3 \times \frac{5}{6} = 2\frac{3}{6}$ 2) $6 \times \frac{3}{4} = 4\frac{2}{4}$

3) $\frac{2}{3} \times 2 = 1\frac{1}{3}$ 4) $2 \times \frac{1}{4} = \frac{2}{4}$ 5) $\frac{4}{6} \times 4 = 2\frac{4}{6}$

6) $4 \times \frac{5}{8} = 2\frac{4}{8}$ 7) $10 \times \frac{5}{6} = 8\frac{2}{6}$ 8) $\frac{2}{10} \times 2 = \frac{4}{10}$

9) $\frac{1}{3} \times 3 = 1$ 10) $\frac{2}{3} \times 10 = 6\frac{2}{3}$ 11) $3 \times \frac{1}{5} = \frac{3}{5}$

12) $4 \times \frac{1}{5} = \frac{4}{5}$ 13) $\frac{7}{12} \times 10 = 5\frac{10}{12}$ 14) $5 \times \frac{1}{4} = 1\frac{1}{4}$

15) $6 \times \frac{1}{3} = 2$ 16) $2 \times \frac{3}{6} = 1$ 17) $10 \times \frac{2}{8} = 2\frac{4}{8}$

Answers:
Ex. $2\frac{1}{4}$
1. $2\frac{3}{6}$
2. $4\frac{2}{4}$
3. $1\frac{1}{3}$
4. $\frac{2}{4}$
5. $2\frac{4}{6}$
6. $2\frac{4}{8}$
7. $8\frac{2}{6}$
8. $\frac{4}{10}$
9. 1
10. $6\frac{2}{3}$
11. $\frac{3}{5}$
12. $\frac{4}{5}$
13. $5\frac{10}{12}$
14. $1\frac{1}{4}$
15. 2
16. 1
17. $2\frac{4}{8}$

26

Ex) $\frac{2}{3} \times 8 =$ 1) $8 \times \frac{2}{5} = 3\frac{1}{5}$ 2) $5 \times \frac{3}{5} = 3$

3) $\frac{1}{10} \times 10 = 1$ 4) $9 \times \frac{4}{10} = 3\frac{6}{10}$ 5) $5 \times \frac{2}{4} = 2\frac{2}{4}$

6) $\frac{1}{5} \times 4 = \frac{4}{5}$ 7) $\frac{2}{3} \times 2 = 1\frac{1}{3}$ 8) $\frac{2}{5} \times 10 = 4$

9) $10 \times \frac{3}{6} = 5$ 10) $8 \times \frac{1}{3} = 2\frac{2}{3}$ 11) $\frac{3}{5} \times 10 = 6$

12) $\frac{2}{3} \times 9 = 6$ 13) $\frac{1}{3} \times 10 = 3\frac{1}{3}$ 14) $\frac{1}{5} \times 8 = 1\frac{3}{5}$

15) $7 \times \frac{2}{6} = 2\frac{2}{6}$ 16) $6 \times \frac{1}{12} = \frac{6}{12}$ 17) $5 \times \frac{3}{4} = 3\frac{3}{4}$

Answers:
Ex. $5\frac{1}{3}$
1. $3\frac{1}{5}$
2. 3
3. 1
4. $3\frac{6}{10}$
5. $2\frac{2}{4}$
6. $\frac{4}{5}$
7. $1\frac{1}{3}$
8. 4
9. 5
10. $2\frac{2}{3}$
11. 6
12. 6
13. $3\frac{1}{3}$
14. $1\frac{3}{5}$
15. $2\frac{2}{6}$
16. $\frac{6}{12}$
17. $3\frac{3}{4}$

27

Ex) $\frac{11}{12} \times 8 =$ 1) $\frac{4}{5} \times 9 = 7\frac{1}{5}$ 2) $\frac{3}{5} \times 9 = 5\frac{2}{5}$

3) $4 \times \frac{3}{12} = 1$ 4) $\frac{5}{6} \times 8 = 6\frac{4}{6}$ 5) $\frac{1}{8} \times 6 = \frac{6}{8}$

6) $3 \times \frac{8}{10} = 2\frac{4}{10}$ 7) $5 \times \frac{1}{8} = \frac{5}{8}$ 8) $\frac{2}{12} \times 7 = 1\frac{2}{12}$

9) $\frac{4}{12} \times 4 = 1\frac{4}{12}$ 10) $9 \times \frac{4}{10} = 3\frac{6}{10}$ 11) $\frac{10}{12} \times 7 = 5\frac{10}{12}$

12) $7 \times \frac{4}{6} = 4\frac{4}{6}$ 13) $\frac{3}{6} \times 8 = 4$ 14) $6 \times \frac{2}{3} = 4$

15) $3 \times \frac{5}{8} = 1\frac{7}{8}$ 16) $4 \times \frac{4}{8} = 2$ 17) $\frac{2}{5} \times 6 = 2\frac{2}{5}$

Answers:
Ex. $7\frac{4}{12}$
1. $7\frac{1}{5}$
2. $5\frac{2}{5}$
3. 1
4. $6\frac{4}{6}$
5. $\frac{6}{8}$
6. $2\frac{4}{10}$
7. $\frac{5}{8}$
8. $1\frac{2}{12}$
9. $1\frac{4}{12}$
10. $3\frac{6}{10}$
11. $5\frac{10}{12}$
12. $4\frac{4}{6}$
13. 4
14. 4
15. $1\frac{7}{8}$
16. 2
17. $2\frac{2}{5}$

28

Ex) $10 \times \frac{4}{8} =$ 1) $\frac{5}{10} \times 10 = 5$ 2) $2 \times \frac{1}{3} = \frac{2}{3}$

3) $\frac{9}{12} \times 6 = 4\frac{6}{12}$ 4) $\frac{6}{12} \times 9 = 4\frac{6}{12}$ 5) $6 \times \frac{2}{4} = 3$

6) $\frac{1}{4} \times 8 = 2$ 7) $8 \times \frac{3}{12} = 2$ 8) $\frac{5}{8} \times 5 = 3\frac{1}{8}$

9) $\frac{2}{4} \times 5 = 2\frac{2}{4}$ 10) $6 \times \frac{2}{8} = 1\frac{4}{8}$ 11) $4 \times \frac{1}{6} = \frac{4}{6}$

12) $4 \times \frac{2}{4} = 2$ 13) $3 \times \frac{2}{10} = \frac{6}{10}$ 14) $\frac{8}{10} \times 4 = 3\frac{2}{10}$

15) $\frac{5}{8} \times 4 = 2\frac{4}{8}$ 16) $\frac{7}{8} \times 4 = 3\frac{4}{8}$ 17) $3 \times \frac{5}{10} = 1\frac{5}{10}$

Answers:
Ex. 5
1. 5
2. $\frac{2}{3}$
3. $4\frac{6}{12}$
4. $4\frac{6}{12}$
5. 3
6. 2
7. 2
8. $3\frac{1}{8}$
9. $2\frac{2}{4}$
10. $1\frac{4}{8}$
11. $\frac{4}{6}$
12. 2
13. $\frac{6}{10}$
14. $3\frac{2}{10}$
15. $2\frac{4}{8}$
16. $3\frac{1}{8}$
17. $1\frac{5}{10}$

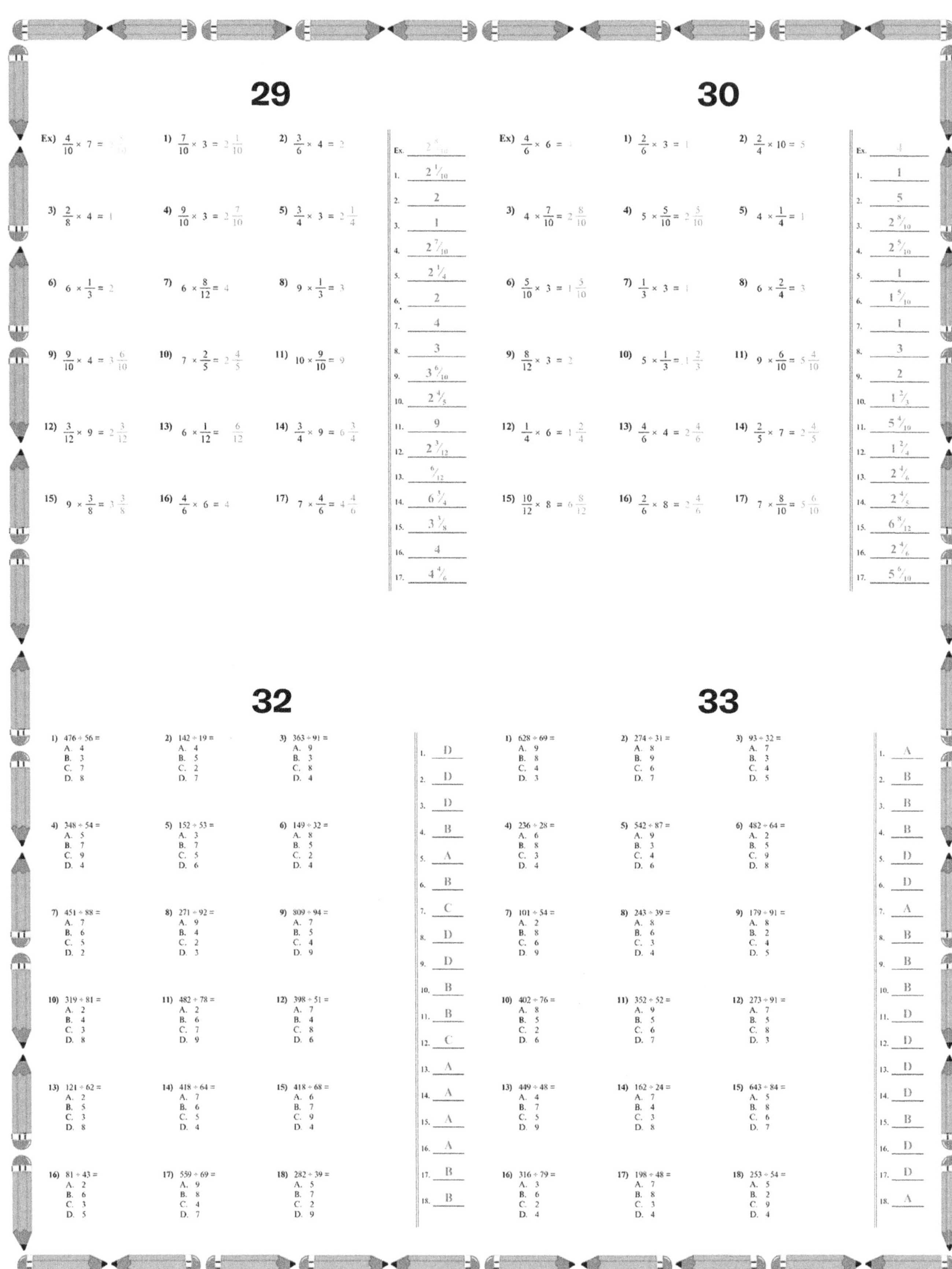

29

Ex) $\frac{4}{10} \times 7 = 2\frac{8}{10}$

1) $\frac{7}{10} \times 3 = 2\frac{1}{10}$

2) $\frac{3}{6} \times 4 = 2$

3) $\frac{2}{8} \times 4 = 1$

4) $\frac{9}{10} \times 3 = 2\frac{7}{10}$

5) $\frac{3}{4} \times 3 = 2\frac{1}{4}$

6) $6 \times \frac{1}{3} = 2$

7) $6 \times \frac{8}{12} = 4$

8) $9 \times \frac{1}{3} = 3$

9) $\frac{9}{10} \times 4 = 3\frac{6}{10}$

10) $7 \times \frac{2}{5} = 2\frac{4}{5}$

11) $10 \times \frac{9}{10} = 9$

12) $\frac{3}{12} \times 9 = 2\frac{3}{12}$

13) $6 \times \frac{1}{12} = \frac{6}{12}$

14) $\frac{3}{4} \times 9 = 6\frac{3}{4}$

15) $9 \times \frac{3}{8} = 3\frac{3}{8}$

16) $\frac{4}{6} \times 6 = 4$

17) $7 \times \frac{4}{6} = 4\frac{4}{6}$

Ex. $2\frac{8}{10}$
1. $2\frac{1}{10}$
2. 2
3. 1
4. $2\frac{7}{10}$
5. $2\frac{1}{4}$
6. 2
7. 4
8. 3
9. $3\frac{6}{10}$
10. $2\frac{4}{5}$
11. 9
12. $2\frac{3}{12}$
13. $\frac{6}{12}$
14. $6\frac{3}{4}$
15. $3\frac{3}{8}$
16. 4
17. $4\frac{4}{6}$

30

Ex) $\frac{4}{6} \times 6 = 4$

1) $\frac{2}{6} \times 3 = 1$

2) $\frac{2}{4} \times 10 = 5$

3) $4 \times \frac{7}{10} = 2\frac{8}{10}$

4) $5 \times \frac{5}{10} = 2\frac{5}{10}$

5) $4 \times \frac{1}{4} = 1$

6) $\frac{5}{10} \times 3 = 1\frac{5}{10}$

7) $\frac{1}{3} \times 3 = 1$

8) $6 \times \frac{2}{4} = 3$

9) $\frac{8}{12} \times 3 = 2$

10) $5 \times \frac{1}{3} = 1\frac{2}{3}$

11) $9 \times \frac{6}{10} = 5\frac{4}{10}$

12) $\frac{1}{4} \times 6 = 1\frac{2}{4}$

13) $\frac{4}{6} \times 4 = 2\frac{4}{6}$

14) $\frac{2}{5} \times 7 = 2\frac{4}{5}$

15) $\frac{10}{12} \times 8 = 6\frac{8}{12}$

16) $\frac{2}{6} \times 8 = 2\frac{4}{6}$

17) $7 \times \frac{8}{10} = 5\frac{6}{10}$

Ex. 4
1. 1
2. 5
3. $2\frac{8}{10}$
4. $2\frac{5}{10}$
5. 1
6. $1\frac{5}{10}$
7. 1
8. 3
9. 2
10. $1\frac{2}{3}$
11. $5\frac{4}{10}$
12. $1\frac{2}{4}$
13. $2\frac{4}{6}$
14. $2\frac{4}{5}$
15. $6\frac{8}{12}$
16. $2\frac{4}{6}$
17. $5\frac{6}{10}$

32

1) $476 \div 56 =$
A. 4
B. 3
C. 7
D. 8

2) $142 \div 19 =$
A. 4
B. 5
C. 2
D. 7

3) $363 \div 91 =$
A. 9
B. 3
C. 8
D. 4

4) $348 \div 54 =$
A. 5
B. 7
C. 9
D. 4

5) $152 \div 53 =$
A. 3
B. 7
C. 5
D. 6

6) $149 \div 32 =$
A. 8
B. 5
C. 2
D. 4

7) $451 \div 88 =$
A. 7
B. 6
C. 5
D. 2

8) $271 \div 92 =$
A. 9
B. 4
C. 2
D. 3

9) $809 \div 94 =$
A. 7
B. 5
C. 4
D. 9

10) $319 \div 81 =$
A. 2
B. 4
C. 3
D. 8

11) $482 \div 78 =$
A. 2
B. 6
C. 7
D. 9

12) $398 \div 51 =$
A. 7
B. 4
C. 8
D. 6

13) $121 \div 62 =$
A. 2
B. 5
C. 3
D. 8

14) $418 \div 64 =$
A. 7
B. 6
C. 5
D. 4

15) $418 \div 68 =$
A. 6
B. 7
C. 9
D. 4

16) $81 \div 43 =$
A. 2
B. 6
C. 3
D. 5

17) $559 \div 69 =$
A. 9
B. 8
C. 4
D. 7

18) $282 \div 39 =$
A. 5
B. 7
C. 2
D. 9

1. D
2. D
3. D
4. B
5. A
6. B
7. C
8. D
9. D
10. B
11. B
12. C
13. A
14. A
15. A
16. A
17. B
18. B

33

1) $628 \div 69 =$
A. 9
B. 8
C. 4
D. 3

2) $274 \div 31 =$
A. 8
B. 9
C. 6
D. 7

3) $93 \div 32 =$
A. 7
B. 3
C. 4
D. 5

4) $236 \div 28 =$
A. 6
B. 8
C. 3
D. 4

5) $542 \div 87 =$
A. 9
B. 3
C. 4
D. 6

6) $482 \div 64 =$
A. 2
B. 5
C. 9
D. 8

7) $101 \div 54 =$
A. 2
B. 8
C. 6
D. 9

8) $243 \div 39 =$
A. 8
B. 6
C. 3
D. 4

9) $179 \div 91 =$
A. 8
B. 2
C. 4
D. 5

10) $402 \div 76 =$
A. 8
B. 5
C. 2
D. 6

11) $352 \div 52 =$
A. 9
B. 5
C. 6
D. 7

12) $273 \div 91 =$
A. 7
B. 5
C. 8
D. 3

13) $449 \div 48 =$
A. 4
B. 7
C. 5
D. 9

14) $162 \div 24 =$
A. 7
B. 4
C. 3
D. 8

15) $643 \div 84 =$
A. 5
B. 8
C. 6
D. 7

16) $316 \div 79 =$
A. 3
B. 6
C. 3
D. 4

17) $198 \div 48 =$
A. 7
B. 8
C. 3
D. 4

18) $253 \div 54 =$
A. 5
B. 2
C. 9
D. 4

1. A
2. B
3. B
4. B
5. D
6. D
7. A
8. B
9. B
10. B
11. D
12. D
13. D
14. D
15. B
16. D
17. D
18. A

34

1) $203 \div 38 =$
A. 6
B. 3
C. 2
D. 5

2) $179 \div 58 =$
A. 2
B. 3
C. 4
D. 8

3) $626 \div 86 =$
A. 4
B. 2
C. 7
D. 9

4) $364 \div 59 =$
A. 3
B. 8
C. 6
D. 4

5) $449 \div 53 =$
A. 9
B. 6
C. 2
D. 8

6) $123 \div 22 =$
A. 5
B. 2
C. 8
D. 6

7) $211 \div 29 =$
A. 6
B. 5
C. 4
D. 7

8) $236 \div 39 =$
A. 5
B. 6
C. 9
D. 8

9) $631 \div 66 =$
A. 8
B. 6
C. 9
D. 2

10) $477 \div 78 =$
A. 5
B. 7
C. 6
D. 2

11) $351 \div 51 =$
A. 8
B. 5
C. 7
D. 4

12) $121 \div 59 =$
A. 3
B. 9
C. 2
D. 8

13) $123 \div 41 =$
A. 3
B. 8
C. 7
D. 5

14) $536 \div 92 =$
A. 3
B. 6
C. 5
D. 8

15) $79 \div 22 =$
A. 5
B. 4
C. 7
D. 6

16) $36 \div 22 =$
A. 4
B. 5
C. 3
D. 2

17) $58 \div 19 =$
A. 4
B. 3
C. 2
D. 7

18) $79 \div 43 =$
A. 9
B. 8
C. 3
D. 2

1. D
2. B
3. C
4. C
5. A
6. D
7. D
8. B
9. C
10. C
11. C
12. C
13. A
14. B
15. B
16. D
17. B
18. D

35

1) $58 \div 33 =$
A. 6
B. 7
C. 2
D. 9

2) $149 \div 27 =$
A. 2
B. 9
C. 8
D. 5

3) $483 \div 64 =$
A. 5
B. 3
C. 4
D. 8

4) $182 \div 18 =$
A. 8
B. 9
C. 6
D. 7

5) $488 \div 72 =$
A. 8
B. 7
C. 2
D. 5

6) $351 \div 74 =$
A. 5
B. 2
C. 8
D. 3

7) $269 \div 31 =$
A. 9
B. 2
C. 4
D. 6

8) $544 \div 94 =$
A. 6
B. 3
C. 7
D. 9

9) $352 \div 54 =$
A. 9
B. 7
C. 3
D. 8

10) $358 \div 38 =$
A. 9
B. 3
C. 5
D. 6

11) $161 \div 78 =$
A. 6
B. 2
C. 5
D. 4

12) $202 \div 51 =$
A. 4
B. 3
C. 5
D. 8

13) $361 \div 61 =$
A. 7
B. 5
C. 9
D. 6

14) $484 \div 77 =$
A. 6
B. 3
C. 2
D. 9

15) $812 \div 87 =$
A. 4
B. 6
C. 9
D. 2

16) $717 \div 83 =$
A. 7
B. 5
C. 9
D. 3

17) $81 \div 41 =$
A. 6
B. 5
C. 3
D. 2

18) $176 \div 87 =$
A. 2
B. 6
C. 5
D. 4

1. C
2. D
3. D
4. B
5. B
6. A
7. A
8. A
9. B
10. A
11. B
12. A
13. D
14. A
15. C
16. C
17. D
18. A

36

1) $183 \div 28 =$
A. 3
B. 6
C. 8
D. 5

2) $87 \div 34 =$
A. 4
B. 6
C. 2
D. 3

3) $251 \div 46 =$
A. 6
B. 5
C. 4
D. 2

4) $238 \div 84 =$
A. 9
B. 8
C. 6
D. 3

5) $638 \div 83 =$
A. 8
B. 9
C. 2
D. 3

6) $359 \div 92 =$
A. 4
B. 5
C. 9
D. 6

7) $63 \div 32 =$
A. 9
B. 2
C. 7
D. 4

8) $809 \div 86 =$
A. 9
B. 2
C. 6
D. 4

9) $538 \div 94 =$
A. 6
B. 2
C. 5
D. 7

10) $118 \div 43 =$
A. 6
B. 9
C. 3
D. 7

11) $124 \div 63 =$
A. 7
B. 2
C. 4
D. 5

12) $182 \div 19 =$
A. 8
B. 9
C. 7
D. 2

13) $299 \div 49 =$
A. 6
B. 8
C. 9
D. 5

14) $634 \div 67 =$
A. 9
B. 4
C. 6
D. 2

15) $269 \div 27 =$
A. 3
B. 4
C. 9
D. 5

16) $482 \div 58 =$
A. 2
B. 3
C. 7
D. 8

17) $199 \div 54 =$
A. 4
B. 9
C. 8
D. 3

18) $357 \div 43 =$
A. 6
B. 3
C. 8
D. 9

1. B
2. D
3. B
4. D
5. A
6. A
7. B
8. A
9. A
10. C
11. B
12. B
13. A
14. A
15. C
16. D
17. A
18. D

37

1) $723 \div 79 =$
A. 3
B. 8
C. 9
D. 4

2) $324 \div 78 =$
A. 4
B. 8
C. 2
D. 9

3) $103 \div 46 =$
A. 8
B. 7
C. 2
D. 4

4) $123 \div 16 =$
A. 8
B. 3
C. 2
D. 6

5) $57 \div 21 =$
A. 9
B. 4
C. 3
D. 2

6) $628 \div 94 =$
A. 4
B. 7
C. 6
D. 5

7) $246 \div 53 =$
A. 5
B. 7
C. 8
D. 2

8) $266 \div 87 =$
A. 7
B. 4
C. 5
D. 3

9) $318 \div 37 =$
A. 5
B. 6
C. 4
D. 8

10) $118 \div 57 =$
A. 3
B. 7
C. 6
D. 2

11) $722 \div 91 =$
A. 2
B. 8
C. 4
D. 9

12) $564 \div 74 =$
A. 2
B. 7
C. 8
D. 5

13) $86 \div 28 =$
A. 2
B. 7
C. 3
D. 5

14) $239 \div 44 =$
A. 4
B. 6
C. 7
D. 9

15) $492 \div 68 =$
A. 7
B. 6
C. 9
D. 5

16) $304 \div 59 =$
A. 4
B. 5
C. 3
D. 6

17) $39 \div 16 =$
A. 2
B. 9
C. 4
D. 6

18) $153 \div 33 =$
A. 2
B. 9
C. 4
D. 5

1. C
2. A
3. C
4. D
5. C
6. B
7. A
8. D
9. D
10. D
11. B
12. C
13. C
14. B
15. A
16. B
17. A
18. D

38

1) 179 ÷ 34 =   A. 2   B. 6   C. 9   D. 7
2) 37 ÷ 21 =   A. 2   B. 5   C. 8   D. 6
3) 417 ÷ 58 =   A. 7   B. 2   C. 4   D. 9
4) 301 ÷ 59 =   A. 5   B. 9   C. 4   D. 7
5) 104 ÷ 23 =   A. 3   B. 2   C. 5   D. 7
6) 183 ÷ 62 =   A. 7   B. 9   C. 3   D. 2
7) 718 ÷ 77 =   A. 6   B. 9   C. 7   D. 4
8) 241 ÷ 28 =   A. 5   B. 7   C. 8   D. 3
9) 161 ÷ 39 =   A. 6   B. 2   C. 8   D. 4
10) 117 ÷ 16 =   A. 6   B. 9   C. 5   D. 8
11) 318 ÷ 43 =   A. 8   B. 7   C. 3   D. 4
12) 363 ÷ 89 =   A. 8   B. 3   C. 6   D. 4
13) 347 ÷ 73 =   A. 5   B. 8   C. 7   D. 3
14) 357 ÷ 44 =   A. 8   B. 9   C. 5   D. 6
15) 242 ÷ 56 =   A. 3   B. 2   C. 4   D. 5
16) 561 ÷ 82 =   A. 9   B. 4   C. 7   D. 5
17) 239 ÷ 78 =   A. 3   B. 9   C. 5   D. 7
18) 478 ÷ 64 =   A. 3   B. 8   C. 7   D. 9

Answers (38): 1. B   2. A   3. A   4. A   5. C   6. C   7. B   8. C   9. D   10. A   11. A   12. D   13. A   14. B   15. C   16. C   17. A   18. B

39

1) 177 ÷ 34 =   A. 2   B. 6   C. 8   D. 4
2) 562 ÷ 84 =   A. 5   B. 6   C. 7   D. 2
3) 244 ÷ 31 =   A. 7   B. 8   C. 9   D. 6
4) 349 ÷ 46 =   A. 3   B. 7   C. 5   D. 6
5) 204 ÷ 49 =   A. 4   B. 5   C. 8   D. 7
6) 143 ÷ 21 =   A. 7   B. 2   C. 9   D. 6
7) 103 ÷ 23 =   A. 4   B. 2   C. 5   D. 8
8) 419 ÷ 62 =   A. 7   B. 5   C. 8   D. 2
9) 557 ÷ 68 =   A. 7   B. 8   C. 4   D. 5
10) 273 ÷ 92 =   A. 6   B. 3   C. 2   D. 4
11) 397 ÷ 51 =   A. 8   B. 2   C. 9   D. 7
12) 641 ÷ 77 =   A. 3   B. 8   C. 4   D. 7
13) 298 ÷ 63 =   A. 7   B. 5   C. 3   D. 2
14) 723 ÷ 76 =   A. 5   B. 7   C. 8   D. 9
15) 84 ÷ 39 =   A. 6   B. 5   C. 9   D. 2
16) 214 ÷ 71 =   A. 2   B. 3   C. 9   D. 4
17) 317 ÷ 42 =   A. 4   B. 7   C. 8   D. 9
18) 118 ÷ 38 =   A. 5   B. 2   C. 4   D. 6

Answers (39): 1. B   2. C   3. B   4. B   5. A   6. A   7. C   8. A   9. B   10. B   11. A   12. B   13. B   14. D   15. D   16. B   17. C   18. A

40

1) 267 ÷ 31 =   A. 9   B. 5   C. 7   D. 4
2) 246 ÷ 52 =   A. 5   B. 8   C. 9   D. 3
3) 281 ÷ 43 =   A. 3   B. 7   C. 8   D. 2
4) 103 ÷ 48 =   A. 6   B. 2   C. 8   D. 3
5) 162 ÷ 38 =   A. 7   B. 4   C. 9   D. 6
6) 449 ÷ 52 =   A. 4   B. 9   C. 8   D. 2
7) 119 ÷ 58 =   A. 2   B. 6   C. 5   D. 7
8) 136 ÷ 67 =   A. 5   B. 6   C. 8   D. 2
9) 147 ÷ 47 =   A. 2   B. 6   C. 4   D. 3
10) 142 ÷ 17 =   A. 2   B. 9   C. 6   D. 7
11) 177 ÷ 88 =   A. 3   B. 4   C. 2   D. 7
12) 359 ÷ 94 =   A. 4   B. 9   C. 7   D. 8
13) 87 ÷ 26 =   A. 9   B. 8   C. 3   D. 5
14) 164 ÷ 16 =   A. 8   B. 3   C. 6   D. 4
15) 239 ÷ 84 =   A. 5   B. 3   C. 7   D. 4
16) 182 ÷ 31 =   A. 4   B. 2   C. 6   D. 5
17) 177 ÷ 61 =   A. 7   B. 8   C. 4   D. 3
18) 203 ÷ 49 =   A. 8   B. 5   C. 9   D. 4

Answers (40): 1. A   2. A   3. B   4. B   5. B   6. B   7. A   8. D   9. D   10. D   11. C   12. A   13. C   14. A   15. B   16. C   17. D   18. D

41

1) 201 ÷ 53 =   A. 6   B. 4   C. 5   D. 2
2) 318 ÷ 36 =   A. 7   B. 6   C. 8   D. 5
3) 149 ÷ 53 =   A. 8   B. 7   C. 5   D. 3
4) 59 ÷ 32 =   A. 4   B. 5   C. 7   D. 2
5) 317 ÷ 77 =   A. 2   B. 6   C. 5   D. 4
6) 142 ÷ 23 =   A. 6   B. 7   C. 9   D. 8
7) 179 ÷ 86 =   A. 4   B. 9   C. 2   D. 8
8) 398 ÷ 79 =   A. 7   B. 4   C. 3   D. 5
9) 239 ÷ 58 =   A. 3   B. 2   C. 7   D. 4
10) 143 ÷ 66 =   A. 4   B. 6   C. 2   D. 3
11) 723 ÷ 82 =   A. 9   B. 3   C. 2   D. 8
12) 41 ÷ 18 =   A. 7   B. 2   C. 3   D. 5
13) 118 ÷ 18 =   A. 6   B. 8   C. 3   D. 2
14) 183 ÷ 32 =   A. 9   B. 7   C. 6   D. 5
15) 446 ÷ 93 =   A. 6   B. 5   C. 4   D. 7
16) 61 ÷ 18 =   A. 6   B. 5   C. 7   D. 3
17) 476 ÷ 78 =   A. 3   B. 9   C. 6   D. 4
18) 283 ÷ 44 =   A. 8   B. 5   C. 7   D. 7

Answers (41): 1. B   2. C   3. D   4. D   5. D   6. B   7. C   8. D   9. D   10. C   11. A   12. B   13. A   14. C   15. B   16. D   17. C   18. D

42

1) $400 \div 80 =$ 5

2) $14,003 \div 2,000 =$ 7 r3

3) $180 \div 30 =$ 6

4) $243 \div 40 =$ 6 r3

5) $5,400 \div 600 =$ 9

6) $3,200 \div 400 =$ 8

7) $480 \div 60 =$ 8

8) $6,302 \div 700 =$ 9 r2

9) $240 \div 60 =$ 4

10) $4,200 \div 700 =$ 6

11) $284 \div 40 =$ 7 r4

12) $1,806 \div 200 =$ 9 r6

13) $541 \div 90 =$ 6 r1

14) $3,500 \div 700 =$ 5

15) $27,000 \div 9,000 =$ 3

16) $1,501 \div 500 =$ 3 r1

17) $45,002 \div 9,000 =$ 5 r2

18) $8,001 \div 8,000 =$ 1 r1

43

1) $28,000 \div 7,000 =$ 4

2) $6,000 \div 2,000 =$ 3

3) $351 \div 70 =$ 5 r1

4) $30,004 \div 6,000 =$ 5 r4

5) $720 \div 80 =$ 9

6) $5,601 \div 800 =$ 7 r1

7) $3,004 \div 500 =$ 6 r4

8) $3,500 \div 700 =$ 5

9) $726 \div 90 =$ 8 r6

10) $27,000 \div 3,000 =$ 9

11) $61 \div 30 =$ 2 r1

12) $4,000 \div 500 =$ 8

13) $282 \div 40 =$ 7 r2

14) $56,000 \div 7,000 =$ 8

15) $2,802 \div 700 =$ 4 r2

16) $150 \div 50 =$ 3

17) $200 \div 40 =$ 5

18) $901 \div 900 =$ 1 r1

44

1) $121 \div 60 =$ 2 r1

2) $40,002 \div 8,000 =$ 5 r2

3) $270 \div 30 =$ 9

4) $500 \div 500 =$ 1

5) $45,000 \div 5,000 =$ 9

6) $35,003 \div 5,000 =$ 7 r3

7) $101 \div 50 =$ 2 r1

8) $3,603 \div 900 =$ 4 r3

9) $151 \div 30 =$ 5 r1

10) $15,000 \div 5,000 =$ 3

11) $407 \div 50 =$ 8 r7

12) $12,001 \div 6,000 =$ 2 r1

13) $2,104 \div 300 =$ 7 r4

14) $3,500 \div 700 =$ 5

15) $42,000 \div 7,000 =$ 6

16) $1,404 \div 200 =$ 7 r4

17) $160 \div 80 =$ 2

18) $50 \div 50 =$ 1

45

1) $360 \div 40 =$ 9

2) $630 \div 90 =$ 7

3) $725 \div 90 =$ 8 r5

4) $14,002 \div 2,000 =$ 7 r2

5) $7,000 \div 7,000 =$ 1

6) $212 \div 70 =$ 3 r2

7) $48,003 \div 8,000 =$ 6 r3

8) $3,602 \div 900 =$ 4 r2

9) $3,201 \div 400 =$ 8 r1

10) $1,800 \div 900 =$ 2

11) $10,000 \div 2,000 =$ 5

12) $72,000 \div 9,000 =$ 8

13) $4,806 \div 600 =$ 8 r6

14) $3,000 \div 500 =$ 6

15) $212 \div 70 =$ 3 r2

16) $36,001 \div 9,000 =$ 4 r1

17) $14,001 \div 7,000 =$ 2 r1

18) $1,400 \div 200 =$ 7

46

1) $150 \div 30 = 5$
2) $401 \div 400 = 1\ r1$
3) $270 \div 30 = 9$
4) $4,000 \div 500 = 8$
5) $1,800 \div 300 = 6$
6) $2,400 \div 400 = 6$
7) $24,000 \div 8,000 = 3$
8) $40,004 \div 5,000 = 8\ r4$
9) $4,500 \div 900 = 5$
10) $36,002 \div 9,000 = 4\ r2$
11) $24,005 \div 4,000 = 6\ r5$
12) $120 \div 60 = 2$
13) $631 \div 90 = 7\ r1$
14) $458 \div 50 = 9\ r8$
15) $5,400 \div 600 = 9$
16) $35,002 \div 5,000 = 7\ r2$
17) $724 \div 90 = 8\ r4$
18) $31 \div 30 = 1\ r1$

1. 5
2. 1 r1
3. 9
4. 8
5. 6
6. 6
7. 3
8. 8 r4
9. 5
10. 4 r2
11. 6 r5
12. 2
13. 7 r1
14. 9 r8
15. 9
16. 7 r2
17. 8 r4
18. 1 r1

47

1) $100 \div 50 = 2$
2) $352 \div 70 = 5\ r2$
3) $18,000 \div 9,000 = 2$
4) $542 \div 60 = 9\ r2$
5) $2,401 \div 300 = 8\ r1$
6) $4,001 \div 4,000 = 1\ r1$
7) $5,604 \div 700 = 8\ r4$
8) $2,400 \div 300 = 8$
9) $40,004 \div 5,000 = 8\ r4$
10) $32,001 \div 8,000 = 4\ r1$
11) $14,001 \div 7,000 = 2\ r1$
12) $60 \div 30 = 2$
13) $5,600 \div 800 = 7$
14) $54,000 \div 9,000 = 6$
15) $484 \div 60 = 8\ r4$
16) $501 \div 500 = 1\ r1$
17) $150 \div 50 = 3$
18) $2,400 \div 600 = 4$

1. 2
2. 5 r2
3. 2
4. 9 r2
5. 8 r1
6. 1 r1
7. 8 r4
8. 8
9. 8 r4
10. 4 r1
11. 2 r1
12. 2
13. 7
14. 6
15. 8 r4
16. 1 r1
17. 3
18. 4

48

1) $56,001 \div 7,000 = 8\ r1$
2) $1,500 \div 500 = 3$
3) $30,003 \div 5,000 = 6\ r3$
4) $1,808 \div 200 = 9\ r8$
5) $40 \div 40 = 1$
6) $141 \div 70 = 2\ r1$
7) $120 \div 60 = 2$
8) $35,003 \div 7,000 = 5\ r3$
9) $3,502 \div 700 = 5\ r2$
10) $210 \div 70 = 3$
11) $2,400 \div 400 = 6$
12) $21,000 \div 3,000 = 7$
13) $322 \div 80 = 4\ r2$
14) $4,000 \div 500 = 8$
15) $2,700 \div 300 = 9$
16) $27,001 \div 9,000 = 3\ r1$
17) $36,002 \div 9,000 = 4\ r2$
18) $304 \div 60 = 5\ r4$

1. 8 r1
2. 3
3. 6 r3
4. 9 r8
5. 1
6. 2 r1
7. 2
8. 5 r3
9. 5 r2
10. 3
11. 6
12. 7
13. 4 r2
14. 8
15. 9
16. 3 r1
17. 4 r2
18. 5 r4

49

1) $180 \div 90 = 2$
2) $16,000 \div 2,000 = 8$
3) $3,005 \div 500 = 6\ r5$
4) $360 \div 40 = 9$
5) $42,005 \div 7,000 = 6\ r5$
6) $27,000 \div 9,000 = 3$
7) $2,800 \div 700 = 4$
8) $71 \div 70 = 1\ r1$
9) $601 \div 300 = 2\ r1$
10) $562 \div 80 = 7\ r2$
11) $1,800 \div 900 = 2$
12) $27,006 \div 3,000 = 9\ r6$
13) $12,000 \div 6,000 = 2$
14) $21,001 \div 7,000 = 3\ r1$
15) $701 \div 700 = 1\ r1$
16) $240 \div 40 = 6$
17) $900 \div 900 = 1$
18) $1,001 \div 200 = 5\ r1$

1. 2
2. 8
3. 6 r5
4. 9
5. 6 r5
6. 3
7. 4
8. 1 r1
9. 2 r1
10. 7 r2
11. 2
12. 9 r6
13. 2
14. 3 r1
15. 1 r1
16. 6
17. 1
18. 5 r1

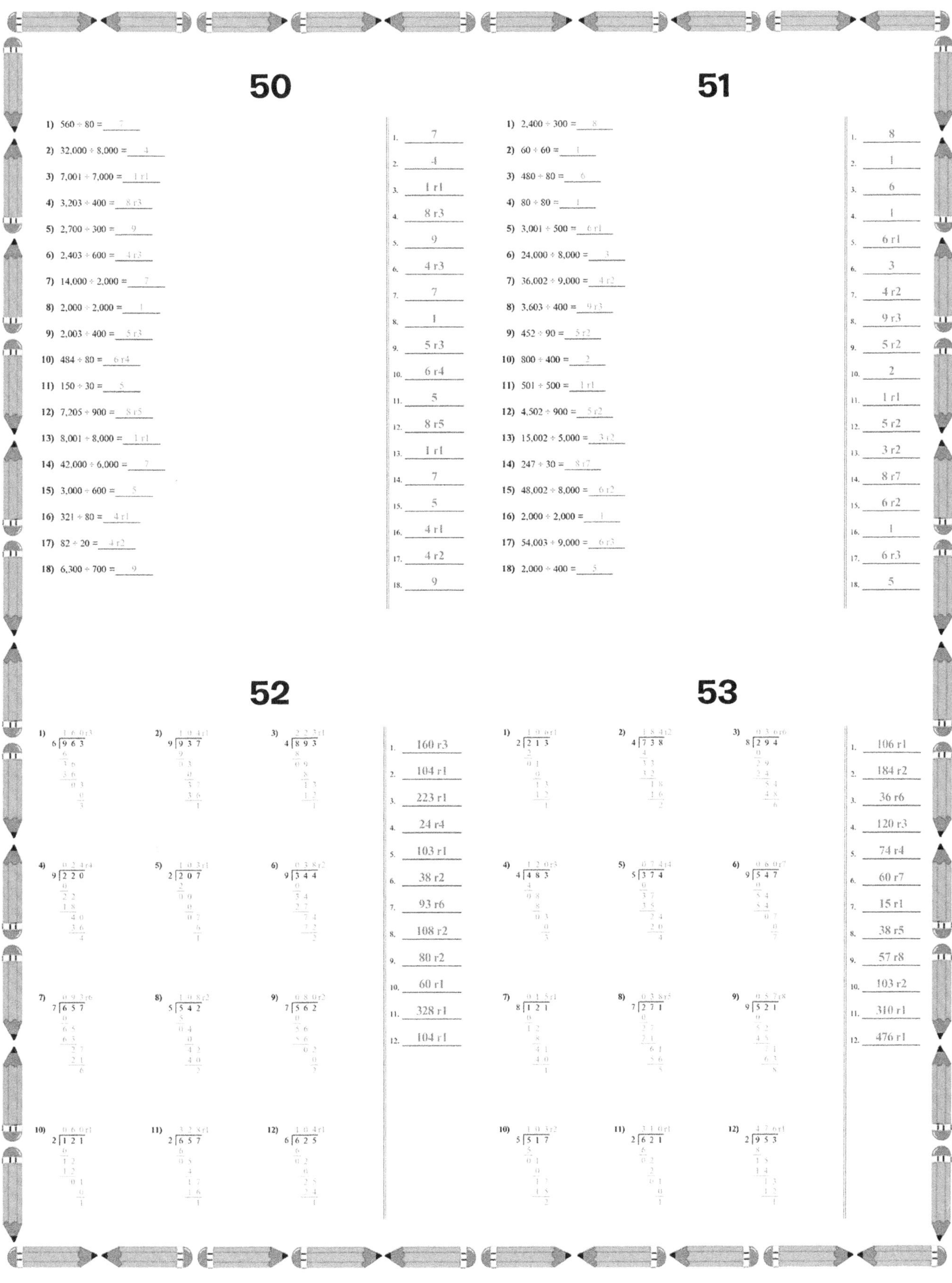

50

1) $560 \div 80 =$ 7
2) $32{,}000 \div 8{,}000 =$ 4
3) $7{,}001 \div 7{,}000 =$ 1 r1
4) $3{,}203 \div 400 =$ 8 r3
5) $2{,}700 \div 300 =$ 9
6) $2{,}403 \div 600 =$ 4 r3
7) $14{,}000 \div 2{,}000 =$ 7
8) $2{,}000 \div 2{,}000 =$ 1
9) $2{,}003 \div 400 =$ 5 r3
10) $484 \div 80 =$ 6 r4
11) $150 \div 30 =$ 5
12) $7{,}205 \div 900 =$ 8 r5
13) $8{,}001 \div 8{,}000 =$ 1 r1
14) $42{,}000 \div 6{,}000 =$ 7
15) $3{,}000 \div 600 =$ 5
16) $321 \div 80 =$ 4 r1
17) $82 \div 20 =$ 4 r2
18) $6{,}300 \div 700 =$ 9

1. 7
2. 4
3. 1 r1
4. 8 r3
5. 9
6. 4 r3
7. 7
8. 1
9. 5 r3
10. 6 r4
11. 5
12. 8 r5
13. 1 r1
14. 7
15. 5
16. 4 r1
17. 4 r2
18. 9

51

1) $2{,}400 \div 300 =$ 8
2) $60 \div 60 =$ 1
3) $480 \div 80 =$ 6
4) $80 \div 80 =$ 1
5) $3{,}001 \div 500 =$ 6 r1
6) $24{,}000 \div 8{,}000 =$ 3
7) $36{,}002 \div 9{,}000 =$ 4 r2
8) $3{,}603 \div 400 =$ 9 r3
9) $452 \div 90 =$ 5 r2
10) $800 \div 400 =$ 2
11) $501 \div 500 =$ 1 r1
12) $4{,}502 \div 900 =$ 5 r2
13) $15{,}002 \div 5{,}000 =$ 3 r2
14) $247 \div 30 =$ 8 r7
15) $48{,}002 \div 8{,}000 =$ 6 r2
16) $2{,}000 \div 2{,}000 =$ 1
17) $54{,}003 \div 9{,}000 =$ 6 r3
18) $2{,}000 \div 400 =$ 5

1. 8
2. 1
3. 6
4. 1
5. 6 r1
6. 3
7. 4 r2
8. 9 r3
9. 5 r2
10. 2
11. 1 r1
12. 5 r2
13. 3 r2
14. 8 r7
15. 6 r2
16. 1
17. 6 r3
18. 5

52

1. 160 r3
2. 104 r1
3. 223 r1
4. 24 r4
5. 103 r1
6. 38 r2
7. 93 r6
8. 108 r2
9. 80 r2
10. 60 r1
11. 328 r1
12. 104 r1

53

1. 106 r1
2. 184 r2
3. 36 r6
4. 120 r3
5. 74 r4
6. 60 r7
7. 15 r1
8. 38 r5
9. 57 r8
10. 103 r2
11. 310 r1
12. 476 r1

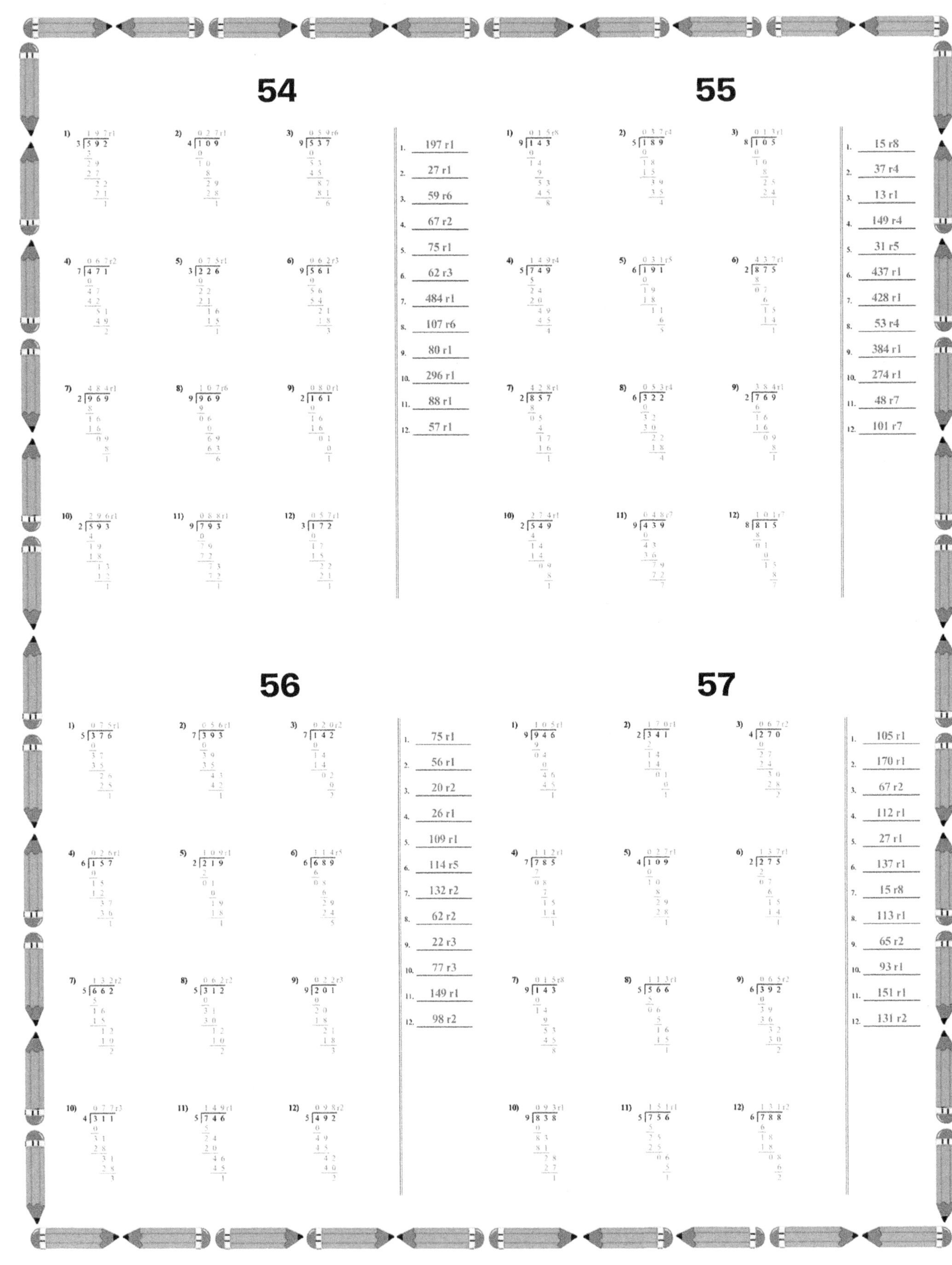

54

1. 197 r1
2. 27 r1
3. 59 r6
4. 67 r2
5. 75 r1
6. 62 r3
7. 484 r1
8. 107 r6
9. 80 r1
10. 296 r1
11. 88 r1
12. 57 r1

55

1. 15 r8
2. 37 r4
3. 13 r1
4. 149 r4
5. 31 r5
6. 437 r1
7. 428 r1
8. 53 r4
9. 384 r1
10. 274 r1
11. 48 r7
12. 101 r7

56

1. 75 r1
2. 56 r1
3. 20 r2
4. 26 r1
5. 109 r1
6. 114 r5
7. 132 r2
8. 62 r2
9. 22 r3
10. 77 r3
11. 149 r1
12. 98 r2

57

1. 105 r1
2. 170 r1
3. 67 r2
4. 112 r1
5. 27 r1
6. 137 r1
7. 15 r8
8. 113 r1
9. 65 r2
10. 93 r1
11. 151 r1
12. 131 r2

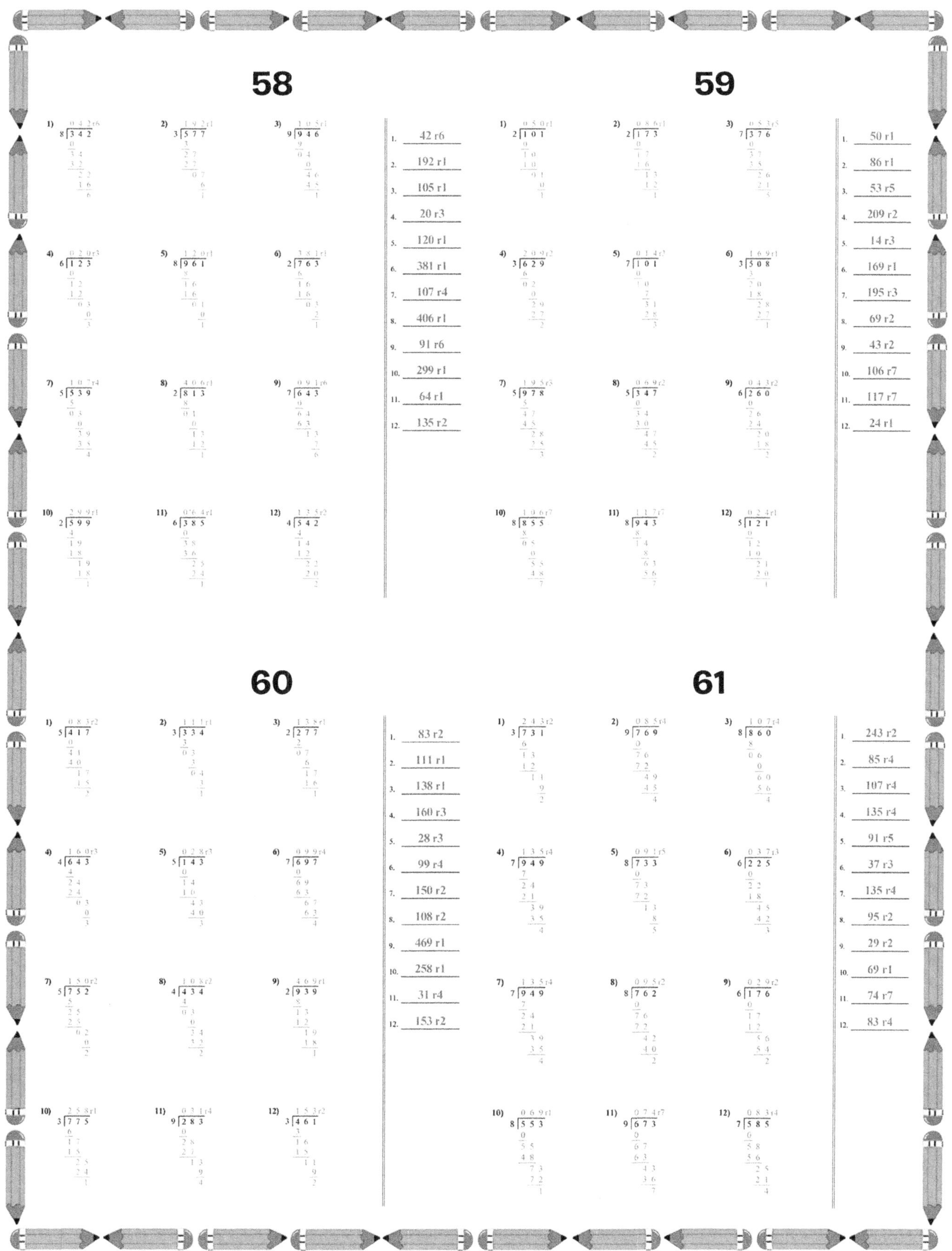

58

#	Answer
1.	42 r6
2.	192 r1
3.	105 r1
4.	20 r3
5.	120 r1
6.	381 r1
7.	107 r4
8.	406 r1
9.	91 r6
10.	299 r1
11.	64 r1
12.	135 r2

59

#	Answer
1.	50 r1
2.	86 r1
3.	53 r5
4.	209 r2
5.	14 r3
6.	169 r1
7.	195 r3
8.	69 r2
9.	43 r2
10.	106 r7
11.	117 r7
12.	24 r1

60

#	Answer
1.	83 r2
2.	111 r1
3.	138 r1
4.	160 r3
5.	28 r3
6.	99 r4
7.	150 r2
8.	108 r2
9.	469 r1
10.	258 r1
11.	31 r4
12.	153 r2

61

#	Answer
1.	243 r2
2.	85 r4
3.	107 r4
4.	135 r4
5.	91 r5
6.	37 r3
7.	135 r4
8.	95 r2
9.	29 r2
10.	69 r1
11.	74 r7
12.	83 r4